Trente ans de Théâtre

ADRIEN BERNHEIM

○ ○ ○

Trente ans de Théâtre

J. RUEFF, ÉDITEUR
6 et 8, RUE DU LOUVRE
PARIS

Trente ans de théâtre

Janvier 1904.

SOUVENIRS DE CENSURE

On a, en ces derniers jours, une fois encore invoqué l'indépendance de l'esprit et la dignité du génie... Les uns réclament la liberté absolue qui laisserait aux spectateurs le droit de tout censurer; les autres, plus prudents, font remarquer que cette liberté sans surprise et sans restriction aurait l'inconvénient de placer les théâtres, c'est-à-dire les auteurs, les directeurs et les artistes, sous la juridiction directe de la police.

Et tandis qu'on agite ces graves questions, on passe sous silence — n'est-ce pas attristant, mon cher Henri Varennes ? — cet arrêt, cet admirable arrêt des tribunaux condamnant une directrice de café-concert à payer des dommages-intérêts à sa principale pensionnaire, laquelle se plaint d'avoir été mise à l'amende pour avoir chanté avec trop de mollesse ! (*sic*).

— On chante comme on peut! avait répondu l'artiste incriminée ; vous m'avez engagée; vous devez me payer; il ne vous appartient aucunement d'apprécier mon talent. Vous êtes directrice ; vous n'êtes pas critique!

Je n'ai pas le plaisir de connaître la gracieuse inculpée qui a nom Marville, mais je ne fais aucune difficulté pour confesser que ses arguments semblent excellents. Quant à la condamnée, qui, quand je tenais la férule du censeur, exerçait déjà, et avec beaucoup d'intelligence, les fonctions d'*impresaria*, elle se consolera aisément de ce petit échec. Je sais, d'ailleurs, que sa Gaîté-Rochechouart conserve les saines traditions d'autrefois ; j'entends par là cette surveillance quotidienne de la directrice installée au contrôle dès l'ouverture des bureaux et ne le quittant qu'à la fin du spectacle, cette ponctuelle régularité des artistes aux répétitions et aux représentations, et ces belles amendes infligées à la troupe.

Faut-il dire que la mollesse de la diction, du jeu et du chant n'avait — de mon temps du moins! — rien à voir avec les rappels au règlement? Seule, la Censure, déjà bonne dame, était invoquée suivant les besoins de la cause, et les directeurs, ceux des concerts comme ceux des théâtres, s'abritaient derrière ses décisions... Un auteur de revue réclamait-il contre la suppression d'un couplet jugé trop leste par le directeur? C'était la Censure qui l'avait biffé! Le rôle de la commère se trouvait-il diminué? les scènes croustillantes dont l'effet était escompté par l'interprète avaient-elles disparu du manuscrit? C'étaient, toujours d'après le directeur, les pères coupe-toujours — on nous gratifiait de ce joli nom! — les seuls auteurs responsables de ces méfaits!

⁂

Des méfaits? Des crimes bien plutôt!

— Oui, vous êtes un criminel, monsieur, un assassin! s'écria, se précipitant sur moi, le revolver à la main, une célèbre diva de café-concert. Vous me refusez de viser ma chanson! Vous protégez les « gommeuses »! Vous protégez les « diseuses » et vous ruinez les artistes véritables qui, comme moi, doivent leur succès à leur seul talent!

Moi, le protecteur des « gommeuses » et des « diseuses »! Moi, ruiner les chanteuses! Et, comme je tentais de rassurer mon impitoyable accusatrice et l'engageais à faire modifier sa chanson:

— Modifier? Jamais de la vie! Vous ne me connaissez pas ! Vous l'autoriserez, ma chanson, ou vous l'interdirez. C'est tout un ! Voilà ce que c'est que d'être une brave et honnête fille et de ne chanter que les couplets visés ! Ce serait si simple de suivre l'exemple de mon ancienne camarade Suzanne Lagier !...

— Suzanne Lagier ?

— Mais oui, Lagier ! Vous êtes censeur, et vous ne savez même pas l'histoire de la Censure française ! Eh bien, Suzanne Lagier, apprenez-le, ne chantait que des couplets non autorisés. Elle avait — vous entendez, monsieur ! — fait établir une sonnette entre la scène et l'entrée du concert ; elle avait délégué à ce service un employé qui lui signalait la venue du censeur, et régulièrement, au premier appel de la sonnette, elle tombait raide en scène, prétextant une indisposition subite. On baissait le rideau... On la transportait dans sa loge... Le censeur, affolé, allait prendre des nouvelles de l'artiste, et le tour était joué ! Voulez-vous que je rétablisse la sonnette de Suzanne Lagier ? Voulez-vous que je tombe morte — oui, morte en scène — quand vous franchirez le seuil de l'Eldorado ?

L'histoire était contée, mimée avec une si amusante colère que, sans hésiter, j'allai demander à mon ancien, mon ami Philippe de Forges, s'il n'était pas possible de viser, avec quelques retouches, la chanson apportée par la terrible diva. Mais mon doyen ne voulut rien entendre, et je crois bien — je n'affirme rien ! — que, le soir même, la sonnette chère à la pauvre Suzanne Lagier fonctionnait à l'Eldorado...

. . .

Cette sonnette ne marche plus depuis longtemps. L'Eldorado, le vieil Eldorado, a cessé d'être la Comédie-Française des cafés-concerts, et Renard, son directeur, est mort dans la misère...

— On dit maintenant *café-concert*, me contait un jour le pauvre Renard déjà désemparé ; on disait jadis *café chantant* ! Ça n'a l'air de rien... Toute la différence est là... Perrin, le gros Perrin, qui débitait avec une si extraordinaire volubilité les histoires les plus abracadabrantes, est démodé et traîne dans les concerts de la banlieue... Ducastel, que j'avais découvert et qui était le Baron du café-concert, est parti avant l'âge... Et Juana qui, impassible, d'une voix superbe, fredonnait les refrains espagnols ! Et Bonnaire, si franche, si cordiale, si gaie ! Et Amiati, digne disciple de Thérésa, qui entraînait toute une salle avec ses chansons d'Alsace ! On croyait encore aux chansons patriotiques, alors !... Et Mathieu, comédien exquis, véritable inventeur du monologue! Et Debailleul, roucoulant naïvement la romance des jolies violettes ! Et Arnaud, roi des poivrots ! Et bien d'autres encore ! Quelle troupe ! Et je ne vous parle ni du petit bossu parisien Chaillier, ni de Judic, ni de Louise Théo, ni de Mily-Meyer qui tous débutèrent chez moi... Regardez leurs noms inscrits au balcon en lettres d'or... Nous sommes débordés, voyez-vous ! Nous ne pouvons plus lutter contre la concurrence ! Nos artistes se contentaient d'appointements modestes : aujourd'hui, les Duparc, les Demay, les Paulus, les Ouvrard veulent être payés au cachet ! Et cette grande aux gants noirs, qui débute à l'Eden-Concert aux vendredis classiques de Mme Castellano ! Attention à celle-là ! Elle les roulera tous !

L'aimable Renard ne croyait pas si bien dire. On l'avait, en effet, entrevue aux Variétés, la grande aux gants noirs... Elle figurait, je crois vous l'avoir dit, dans des rôles peu importants, et, à ses côtés, on distinguait une toute jeune fille, éclatante de beauté, aujourd'hui sociétaire de la Comédie-Française... Avec quelle ardeur la grande aux gants noirs, signalée par Renard, défendait ses chansons, nul ne le saura jamais ! Elle se faisait à la fois auteur, interprète, directeur, chef d'orchestre ; elle escaladait les cinq étages des bureaux de la rue de Valois ; elle soudoyait les portiers et les huissiers, elle implorait notre indulgence, elle chantait à pleine voix ses couplets de Xanrof, et nos graves doyens, installés dans le cabinet voisin, laissant leurs ciseaux et interrompant leur besogne, accouraient et applaudissaient... Et notre garçon de bureau Desmolières, le célèbre Desmolières, se réveillait brusquement...

Et elle sera sans doute bien surprise, la grande aux gants noirs, quand elle lira ce billet qui ne date pas d'hier :

Mon cher monsieur Bernheim,

Ainsi que je vous l'ai dit l'autre jour, je chante *le Piston d'Hortense* créé par Demay. Je vous serais obligée de faire ce que vous m'aviez promis, c'est-à-dire de viser le couplet de tradition que Demay chantait toujours. Ce sont les premiers vers du quatrième couplet qu'elle remplaçait par :

Ah ! je voudrais être l'étui
Où tu serres ce piston, j'te le jure ;
De cet instrument si joli,
Je voudrais être l'embouchure...

Je compte absolument sur votre amabilité habituelle pour me répondre par courrier à l'Eden-Concert, car j'attends après.

Et toujours, cher ami, remerciements de votre reconnaissante.

Yvette GUILBERT.

⁂

L'étui, le piston, l'embouchure, le couplet de tradition ont été autorisés, et toutes les Yvette Guilbert ont promené *le Piston d'Hortense* à travers le monde. Voilà aujourd'hui la grande aux gants noirs, la vraie, l'authentique Yvette revenue, faisant sa rentrée triomphale à Paris... Et c'est elle qui, profitant des leçons de l'expérience, vous dira que la Censure, toujours malmenée, toujours bafouée, toujours calomniée, n'en reste pas moins pour les artistes la plus sérieuse des garanties. Elle vous rappellera que Dumas, au lendemain même de la représentation de *la Dame aux Camélias*, alors qu'il avait eu, avec les censeurs de l'Empire, les plus retentissants démêlés, s'écriait loyalement :

— C'est une fausse ennemie!... Si elle n'existait pas, il faudrait l'inventer!

Et le pauvre et cher Henri Meilhac, fortifiant l'opinion de son illustre confrère, me disait :

— C'est mieux qu'une fausse ennemie, votre vieille

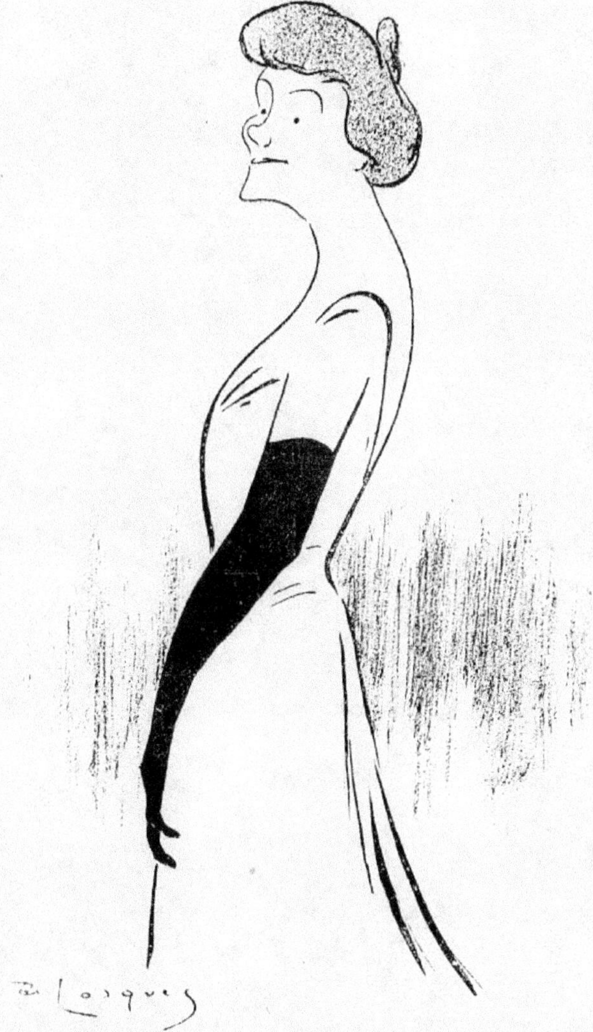

Mme Yvette Guilbert.

dame avec ses lunettes sans verres et ses ciseaux mal affilés, c'est une bonne amie !

Et Meilhac, malicieusement, reprenait :

— On a toujours tort, vous savez, de se fâcher avec sa bonne amie !...

Janvier 1904.

RÉPONSE

Plusieurs confrères veulent bien, à propos des spectacles classiques populaires donnés dans les théâtres de faubourgs, me présenter d'intéressantes observations.

Donc, rétablissons les faits. Il y a quatre ans, en décembre 1899, un Comité, ayant pour but de fonder à Paris un théâtre populaire, s'organisait sous les auspices de la *Revue d'art dramatique* : j'eus l'honneur d'être convié à l'une des séances de ce Comité et j'exprimai l'avis qu'un théâtre populaire n'est viable qu'avec le concours des théâtres d'État.

— Vous êtes orfèvre, s'écria au milieu des applaudissements enthousiastes un des écrivains les plus distingués de cette imposante assemblée.

Dirai-je que cette interruption, fort judicieuse, je le confesse, était faite par un auteur dramatique? Évidemment, visiblement, fatalement, mon interrupteur et ses collègues, apportant des arguments d'auteurs, considéraient que la création d'une telle scène devait favoriser l'éclosion des jeunes dramaturges et des jeunes comédiens... Quant à moi, tout orfèvre que j'étais, je ne pouvais m'empêcher de citer les impresarii qui, depuis vingt-cinq ans, ont tenté de vulgariser la musique et ont tous échoué plus malheureusement les uns que les autres.

— Mais il n'est pas question de musique ! reprit un des organisateurs de la réunion.

Mon nouvel interrupteur, cela va de soi, faisait des comédies...

Je lui indiquai qu'un véritable théâtre populaire devrait être à la fois ouvert à l'art dramatique et à la musique, et je conclus que seuls nos grands classiques : Molière, Corneille, Racine, Beaumarchais, Marivaux, Regnard, et aussi Rossini, Mozart, Meyerbeer, Hérold, Auber et Boïeldieu, interprétés par nos meilleurs artistes de comédie et de chant, pourraient y avoir droit de cité.

Les noms de Meyerbeer, d'Auber et de Boïeldieu provoquèrent, vous entendez bien, une désapprobation unanime, et mon projet ne contenta personne... Bref, mon insuccès fut complet. Mes amis Lucien Descaves, Georges Bourdon et Robert de Flers plaidèrent en ma faveur les circonstances atténuantes.

Mais rien n'y fit : je fus traité de réactionnaire et mes conceptions sur le théâtre populaire semblèrent les plus saugrenues du monde. Je n'en partis pas moins, quelques jours après cette tumultueuse réunion, pour l'Alsace-Lorraine, l'Autriche, l'Allemagne, la Belgique, chargé par M. Leygues, ministre de l'Instruction publique et des Beaux-Arts, de visiter les principales scènes populaires de l'étranger, et j'acquis sur place la rassurante conviction que, malgré tout ce qu'on pouvait dire, nos théâtres, subventionnés ou non, fonctionnent aussi bien et même mieux que ceux de nos voisins...

***

Les choses en étaient là et mes honorables contradicteurs poursuivaient leur campagne, lorsqu'un hasard me permit de prendre ma revanche et de mettre à exécution les idées que j'avais développées avec tant d'insuccès au Comité du Théâtre populaire... On avait bien, entre temps, tenté de créer ici et là des scènes à bon marché, mais on s'était heurté à des difficultés de tous genres, difficultés de répertoire, difficultés d'interprétation...

Je n'ai pas à rappeler ici dans quelles conditions se

fonda la Caisse de secours destinée aux gens de théâtre malheureux. La presse et le public firent à cette idée un accueil tel que la Caisse de secours devint, du jour au lendemain, une véritable société de bienfaisance. Mais s'il est, en somme, assez facile de créer une œuvre de charité et d'en préciser le but, il est, par contre, infiniment plus malaisé de trouver comment on l'alimentera.

— Si nous organisions des représentations classiques dans les faubourgs, dans les théâtres de quartiers ? fit celui-ci. Si nous priions l'administrateur de la Comédie-Française et ses artistes de nous aider dans l'accomplissement de notre tâche ?

— Mais c'est le théâtre-ceinture populaire que vous voulez mettre sur pied, riposta celui-là. Le répertoire allant chercher le peuple chez lui, dans son quartier, dans sa rue, dans son théâtre... Voilà le vrai théâtre populaire réclamé, rêvé depuis longtemps !

Celui-là, c'était notre très regretté maître et ami Gustave Larroumet... L'idée l'avait séduit, ravi... Dès le début, il s'intéressait aux moindres détails, à la composition du spectacle, à l'interprétation des ouvrages, au choix des conférenciers; il assistait à toutes les représentations, il prenait des notes sur les divers publics, et chaque dimanche, dans son feuilleton, avec une infinie bienveillance, il signalait l'Œuvre, il la faisait connaître, il l'imposait et en assurait la double réussite. Oui, ce fut Gustave Larroumet, et j'éprouve le besoin de le déclarer bien haut, qui, dissipant les malentendus, mettant à bas les obstacles, triomphant de tous et de tout, fut le véritable initiateur de ces beaux spectacles classiques de faubourgs... Que de fois il nous répéta : « Il ne s'agit pas de savoir comment le théâtre populaire se constituera d'une façon stable et définitive, grâce au concours simultané de la Ville et de l'État. Non ! la question est plus haute : l'essentiel est d'arracher nos petits Parisiens au café-concert en leur faisant comprendre et aimer nos belles œuvres. Le bien à l'aide du beau, voilà notre devise ! »

* * *

« Quelles sont donc ces belles œuvres ? » me répond M. Romain Rolland qui juge que nos classiques n'ont rien à voir avec le théâtre du peuple, tandis que mon distingué confrère M. Camille de Sainte-Croix me dit : « Le théâtre populaire sera socialiste ou il ne sera pas ! »

C'est ici que je m'arrête ou plutôt que je vous arrête, mes chers confrères. Je ne suis pas, nous ne sommes pas directeurs de théâtres : nous n'avons donc aucune qualité pour choisir, monter et distribuer des ouvrages ; le rôle que nous nous assignons est infiniment moins important que celui que vous nous octroyez.

L'organisation de ces spectacles-ceintures est déjà difficile, et nous nous garderions de la compliquer. N'est-ce pas vous, d'ailleurs, mon cher Sainte-Croix, qui indiquiez la portée de ces représentations-ceintures ? N'est-ce pas vous qui proclamiez le succès de l'entreprise ? N'est-ce pas vous qui lui prodiguiez vos encouragements ? Quant à la politique, je crois bien qu'ici, plus encore que partout ailleurs, elle a ses inconvénients, ses périls et que le meilleur est encore de l'écarter systématiquement des programmes et des comités.

M. Romain Rolland, lui, est plus sévère. Il se plaint du choix de nos conférenciers ; il se plaint aussi du tarif de nos places...

Eh bien, j'affirme à M. Rolland qu'en ces spectacles populaires la place la moins chère coûte cinquante centimes et que la place la plus chère n'a jamais dépassé trois francs. Que des marchands de billets aient parfois transporté leurs scandaleux trafics jusque dans nos faubourgs ! cela est possible. Mais nous n'y pouvons rien... N'est-ce pas un préfet de police en personne qui répondit à un directeur se plaignant des agissements des courtiers du trottoir :

— Je les laisse autour de votre théâtre, mon cher directeur, parce qu'ils sont encore moins nuisibles là que sur les fortifications...

Pour ce qui est du choix des conférenciers, peut-on vraiment nous faire un grief d'avoir appelé à nous des professionnels connus, comme Gaston Deschamps, Auguste Dorchain, Léopold Lacour, Henry Bérenger, Léo Claretie, George Vanor (1). Où est le mal ? Leurs succès odéoniens doivent-ils les empêcher d'en cueillir d'autres ? Orfèvre, Félix Decori qui nous a donné sur *Andromaque* et sur *Phèdre* d'étincelantes causeries ? Orfèvre, M. Silvain qui tout à l'heure fera, salle Wagram, une conférence sur *l'art de dire* ? Orfèvre, Louis de Gramont, le fier et hardi écrivain de la belle *Rolande* du Théâtre Libre ? Orfèvre, Mme Jeanne Brémontier qui, après avoir triomphé à Ba-Ta-Clan, était réclamée au Nouveau-Théâtre pour y commenter Ibsen ?

Orfèvres alors tous ceux-là, autrement dit tous fonctionnaires... Fonctionnaires ! Voilà le grand mot

(1) D'autres conférenciers, et non des moindres, sont venus à nous depuis janvier 1904 : MM. Louis Barthou, L.-L. Klotz, Coquelin Cadet, Georges Mitchell, Léon Martin, Robert de Flers, Georges Bureau et tant d'autres.

lâché!... Et je me console en me disant que, depuis bientôt vingt-cinq ans, je vis dans l'orfèvrerie au milieu d'orfèvres qui ne valent ni moins ni mieux que les autres mortels. Et ici encore nous n'y changerons rien, ni M. Romain Rolland, ni le préfet de police précité, ni moi, pauvre orfèvre que je reste... Il me suffit d'avoir, à l'exemple de l'*Art pour tous*, indiqué une voie et de l'avoir ouverte : il me suffit de constater que de tous côtés, à Belleville, à Montmartre, aux Batignolles, dans tous les coins de notre Paris, surgissent des grandes scènes populaires qui vivent à côté des petits music-halls qui agonisent...

Février 1904.

CONFÉRENCES ET CONFÉRENCIERS

Mon dernier article sur les spectacles classiques populaires donnés dans les théâtres de faubourgs m'a valu de nouvelles observations auxquelles je voudrais répondre. Pensez-vous, me dit un contradicteur, que la conférence soit nécessaire à Batignolles et à Belleville, à Grenelle et à Montmartre ? Ne croyez-vous pas, au contraire, que ce mot effraye les habitués de vos spectacles ? Cinq actes copieux de Molière ou de Racine ne leur suffisent-ils pas ?

L'argument a sa valeur. Le tout est de s'entendre sur la forme à donner à la conférence. Mon contradicteur trouvera dans les *Souvenirs d'âge mûr* de Sarcey une savoureuse chronique intitulée : *Comment on prépare une conférence.* L'Oncle, très sérieusement et avec une bonhomie charmante, recommande à ses collègues, les Deschanel, les Legouvé, les Lapommeraye, de ne pas dîner avant de paraître en public, de se contenter d'un potage et de deux ou trois biscuits :

il repousse ces dîners de gala auxquels, en province, le conférencier de Paris venu « en représentations » ne peut se dérober sous peine de se brouiller avec le sous-préfet, l'adjoint au maire et le percepteur. A ce somptueux repas qu'il tient pour la plus funeste des préparations, il préfère la promenade hygiénique et solitaire. Bref, il se demande comment font les orateurs politiques pour prononcer de longs discours après les banquets officiels et il a soin d'ajouter :

— En ai-je vu de ces ministres qui, tout le temps du repas, roulaient, préoccupés, des boulettes de mie de pain sous leurs doigts et ne répondaient que distraitement aux agaceries de leurs voisines... Ils repassaient leurs rôles !

Le mot est joli et les remarques de Sarcey sont fort justes... Mais il y a conférence et conférence... Je disais l'autre jour que les publics des représentations de faubourgs varient suivant les quartiers et je constatais que ce qui plaît aux ouvriers entassés dans le théâtre de Belleville peut parfaitement ne pas plaire aux braves bourgeois qui forment la clientèle du théâtre des Gobelins. Ajouterai-je qu'il en est de même pour la conférence et les conférenciers ? Est-ce que Gustave Larroumet lui-même, qui était passé maître en cet art de la causerie théâtrale, ne fit pas sur ces publics de faubourgs la plus curieuse des expériences? Qui de nous ne se souvient de cette soirée populaire donnée au théâtre Montparnasse en mai 1902? Déjà malade, Larroumet s'était traîné au théâtre, consultant tous les quarts d'heure un thermomètre qu'il ne voulait, hélas! plus quitter... Mais la volonté chez lui était telle qu'une fois en scène, devant la rampe, il avait retrouvé toutes ses forces, toute sa santé et tout son talent. Jamais peut-être il ne se montra plus avisé, plus cordial que ce soir-là ; jamais le public ne lui fit meilleur accueil, jamais il ne se sentit en communication plus directe avec ses auditeurs. Il sortit de scène heureux, ravi, ayant oublié et son thermomètre et son mal : les artistes qui, dans la coulisse, par les fentes étroites des vieux décors du théâtre Montparnasse, s'amusaient à contempler le public, l'applaudirent longuement... C'est qu'il avait frappé juste, se gardant bien de donner une conférence bourrée de faits et de citations et se laissant simplement aller à rajeunir à sa façon de vieilles anecdotes de théâtre. Et cette façon était exquise...

— Vous voyez, s'écria-t-il en sortant de scène, comme j'avais raison de vous engager à ne pas mettre au programme le mot *conférence*!... Nous ne sommes pas ici à l'Odéon...

* * *

Quelques mois après — ce fut sa dernière conférence — Larroumet parla au théâtre des Bouffes-du-Nord : on jouait ce soir-là *le Misanthrope*, alors qu'à Montparnasse l'affiche se composait de scènes et d'actes détachés... Larroumet, qui savait bien que le public de La Villette ne ressemblait en rien à celui de l'autre rive, voulut faire un essai, et bravement il commenta le chef-d'œuvre de Molière et en disséqua les personnages. A la causerie familière du théâtre Montparnasse succédait une étude magistrale d'Alceste et de Célimène, de Philinte et d'Eliante, d'Oronte et d'Arsinoé. Le malheur voulut que le public de La Villette se rebiffât... Les uns toussaient, les autres chuchotaient et personne n'écoutait plus... Larroumet n'avait qu'un parti à prendre : terminer rapidement et saluer le public.

— C'est bien fait pour moi, fit-il... Je l'ai voulu... J'ai donné une conférence sur la pièce : j'ai tâté un public qui ne souffre point qu'on lui narre l'ouvrage qu'il va voir... Causerie à Montparnasse, grand succès; conférence aux Bouffes-du-Nord, lourde chute... Nous voilà avertis!...

Le lendemain, avec beaucoup d'esprit, le critique narrait à ses lecteurs l'aventure des Bouffes-du-Nord et il en tirait cette conclusion que la conférence odéonienne nuirait fatalement à nos spectacles de faubourgs...

De mon côté, craignant qu'on ne donnât à cette mémorable soirée une excessive importance, je rapportai à cette place les propos d'un caporal de pompiers amateur de théâtre, habitué des matinées odéoniennes, qui avait sollicité l'honneur d'être exceptionnellement « de service ». pour le seul plaisir d'entendre un de ses conférenciers favoris. J'avais eu beau broder de mon mieux une histoire de pompier, d'ailleurs fort invraisemblable : Larroumet n'entendait pas qu'on fardât la vérité sur son équipée des Bouffes-du-Nord, et, en même temps qu'il en rendait compte dans son feuilleton, il m'adressait cet aimable billet :

Mon cher ami,

Vous avez fait passer votre sympathie affectueuse dans votre conversation à mon sujet avec l'homme au casque. N'aura-t-il pas semblé bien lettré, votre caporal ? Puis, j'espère que vos lecteurs n'auront pas fait le calcul qui transformerait en briscard ce jeune pompier, si vraiment il nous avait entendus, Sarcey et moi, en Odéonie. Il serait plus ancien que le colonel, et le plus ancien du régiment! Mais il importe peu : je vous taquine et je ne voulais que vous remercier pour cette jolie fantaisie où vous me faites une si large place... Et maintenant, attention et songeons à l'avenir!

Bien amicalement.

Gustave Larroumet.

Puis, reprenant confiance et songeant, comme il l'écrivait, à l'avenir :

— Il n'y a que Sarcey, reprenait-il, qui aurait pu triompher de tous ces publics. Plus tard, nous verrons... Quand nos représentations seront régularisées, quand personne n'y trouvera plus rien à reprendre, nous tenterons des expériences et prierons les comédiens de se faire nos conférenciers. Ceux-là s'imposeront! Un spectateur n'osera les interrompre... Ils seront sacrés!... Et puis ne serait-ce pas amusant de sténographier leurs causeries de théâtre et de les réunir en plaquette?... *L'art de dire* par les professeurs du Conservatoire!... Nous commencerons par Silvain : outre qu'il donnera confiance à ses camarades, il est homme à se tirer merveilleusement d'une pareille tâche... Tragédien de premier ordre, diseur incomparable, c'est un érudit... Je réponds de lui... Il m'a donné l'an dernier, sur les représentations d'Orange, une longue lettre que j'ai publiée et que je tiens pour un très solide morceau de critique..

* * *

Vous le voyez, mon cher Silvain : en vous demandant de venir à nous d'abord salle Wagram, puis à Grenelle, nous n'avons fait que suivre très docilement le conseil d'un maître que, comme nous, vous avez beaucoup aimé... Quand vous expliquiez aux Grenellois et aux Wagramistes que la crainte du public, par un phénomène anormal mais réel — je cite vos paroles — grandit chez la plupart des comédiens à mesure qu'ils blanchissent sous le harnois; quand vous proclamiez que le diseur doit mettre tous ses soins à faire disparaître de son accent tout ce qui en altère la pureté ; quand vous remarquiez que le meilleur accent consiste à ne pas en avoir ; quand vous développiez cette thèse que le livre — le traité spécial — ne saurait pas plus transmettre une inflexion sans le secours de la voix qu'on ne saurait donner l'idée exacte et la nuance précise d'une couleur sans la montrer aux yeux ; quand, partant de ce principe que l'articulation est l'une des ressources les plus

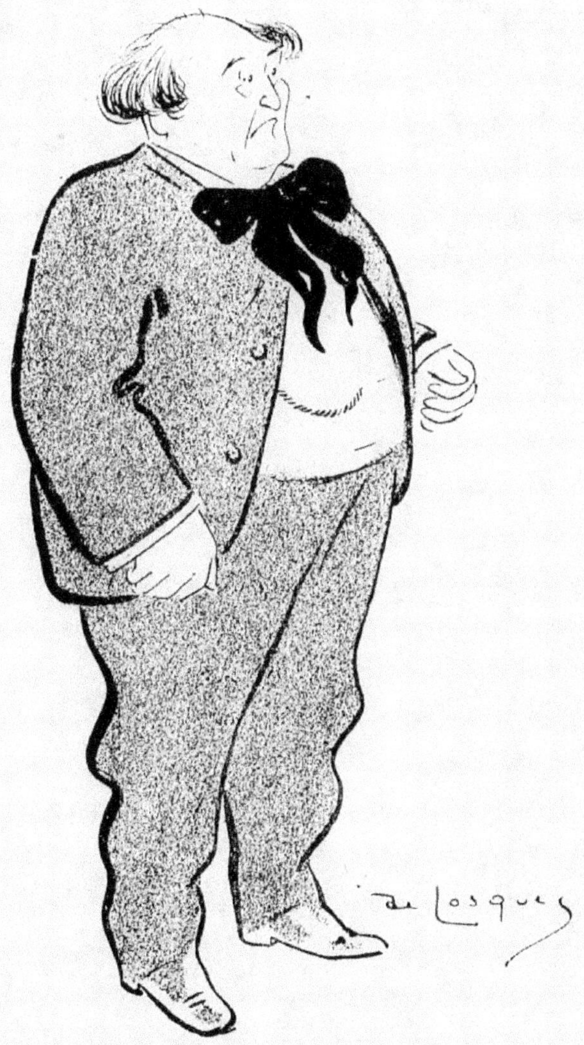

M. Silvain.

efficaces pour rendre sensible à la foule le relief des paroles, vous rappeliez que l'excellent comédien Saint-Germain, sans ombre de voix et tout simplement parce qu'il avait appris à articuler, se faisait entendre dans des salles immenses; quand, avec un rare bonheur d'expressions, vous compariez les mots d'une langue aux cailloux des grèves qui, de marée en marée, de jour en jour, au flux et reflux des ans, émoussent leurs aspérités, arrondissent leurs angles, usent leur relief jusqu'à ce qu'enfin, dans ce travail lent et continu, devenus galets, puis grains de sable, puis poussière, ils s'effritent, disparaissent et s'anéantissent; quand, au milieu des acclamations de vos auditeurs ravis, vous terminiez votre causerie sans apprêt, sans prétention et à bâtons rompus, — ce sont encore vos expressions que je transcris, — par une admirable récitation du grand couplet des *Burgraves*; quand, enfin, vos vieux camarades et vos jeunes élèves saluaient en vous le véritable « causeur » de nos scènes de faubourgs, je revivais, non sans tristesse, les soirées de Montparnasse et des Bouffes-du-Nord, je passais en revue les sages avis de notre regretté ami et je me disais qu'en parlant cinquante-cinq minutes devant des publics accoutumés à la chanson, à l'acrobatie et à la danse, vous aviez accompli le plus étonnant des tours de force et établi victorieusement la distinction entre la conférence odéonienne et la causerie du théâtre de faubourg !...

Février 1904.

INTERVIEWS DE THÉATRE

Sous ce titre alléchant : « le Théâtre de demain », M. Marcel Laurent publie dans la *Grande Revue* une série d'interviews. Notre confrère se demande si le théâtre revendiquera enfin un rôle social, éducateur et utile, ou bien si, dédaigneux d'une aussi noble tâche, il continuera à se montrer frivole, agréable, distrayant et à reposer les esprits faciles sans rien leur apprendre de nouveau. M. Laurent consulte ceux qui, par la ferveur qu'ils témoignent à l'art dramatique, lui semblent les plus aptes à déduire du présent les conclusions approximatives de l'avenir ; il s'adresse à des critiques, à des directeurs de théâtres et aussi à des fonctionnaires ; c'est dans cette dernière catégorie qu'il veut bien me ranger : je le remercie de l'honneur qu'il me fait.

Cela dit, mon interlocuteur reconnaîtra que je n'avais pas tout à fait tort quand, il y a un mois, je refusai énergiquement de répondre à ses nombreuses questions. Je lui objectai tout d'abord que l'interview présente les plus sérieux inconvénients et que jamais encore je n'ai ressenti la douce joie d'être fidèlement traduit, reproduit, compris par mes honorables interlocuteurs. De là mon aversion, assez légitime, pour l'interview. Faut-il citer quelques preuves à l'appui?

Le très distingué secrétaire perpétuel de l'Académie des Beaux-Arts certifierait certainement que je faillis être, il y a bien des années, une victime de l'interview. Il dirigeait alors les Beaux-Arts, et moi j'inspectais les théâtres et surtout les concerts; les marins russes débarquaient à Paris sous la direction de l'amiral Avellan, et les chansonniers profitaient, comme bien on pense, de cette solennelle circonstance pour déverser des torrents de poésie sur la marine russe et ses illustres chefs. Selon l'usage, tous ces poèmes populaires étaient envoyés à l'inspection des théâtres et soumis à son terrible visa. Faut-il le dire? ces élucubrations patriotiques me paraissaient fort méprisables, et je commis l'imprudence de faire part de cette naïve mais très sincère impression à un interviewer indiscret... Élucubrations patriotiques! Est-il possible, s'écrièrent des confrères sans pitié qui exigeaient ma tête, que les jeunes Catons du café-concert s'expriment de la sorte?

Un peu ému par le bruit fait autour de cet incident, le ministre me convoqua :

— Vous venez, monsieur, de commettre une infraction, me signifia le chef de l'Université. Non seulement vous donnez sur votre service des détails qui ne regardent personne, mais vous vous laissez aller à porter un jugement sur la qualité des chansons soumises à votre visa. Vous manquez donc doublement à votre devoir; de plus, vous refusez à une artiste de café-concert, Mlle Yvette Guilbert, l'autorisation de chanter un morceau intitulé *Nitchevo*.

Cette accusation ministérielle m'était formulée dans des termes à la fois si précis, si simples et si corrects, que je ne savais comment y répondre. Très au courant des choses du théâtre, parlant comme un homme qui sait ce qu'il veut et ce qu'il dit, ce jeune maître de l'Université m'avait séduit par la franchise de ses discours.

— Permettez-moi, monsieur le ministre, lui répondis-je, de vous faire respectueusement remarquer que je ne croyais pas commettre une triple faute. Voilà plusieurs années que j'exerce les fonctions assez difficiles, et j'ajouterai assez impopulaires, de censeur. Je passe mes journées à lire des chansons et mes soirées à en entendre. Mes collègues, en me confiant la surveillance des concerts et en se réservant celle des théâtres, suivent simplement une tradition, et je ne récrimine ni contre cette tradition, ni contre mes fonctions. Toutefois, par une fatalité que je ne m'explique pas, on me rend responsable d'une faute que j'endosse volontiers, mais dont l'honneur ne me revient pas.

— L'honneur d'une faute?... murmura le ministre esquissant un sourire.

— Il est parfaitement vrai, continuai-je, que je me sois servi, monsieur le ministre, du terme « élucubrations patriotiques ». Je considère, en effet, que nous ne sommes plus au temps où une Thérésa et une Amiati enlevaient toute une salle avec un refrain d'Alsace. Aujourd'hui, on use et on abuse des pièces et des chansons militaires; on galvaude notre air national; un auteur de revue n'hésite pas à faire estropier le *Chant du départ* par une petite femme qui porte à la fois un maillot couleur chair et un drapeau tricolore... Voilà ce que j'appelle, irrévérencieusement, une « élucubration patriotique ». Quant à la chanson *Nitchevo*, je l'ai lue, je l'ai transmise à mes collègues, mais le visa n'appartient ni à eux ni à moi; il relève de notre service, il est impersonnel, il est administratif, il est anonyme.

J'avais à peine terminé que le ministre se leva, me tendit la main et me dit ces simples mots :

— N'en parlons plus, monsieur, vous êtes acquitté !

Quelques jours après ce mémorable entretien, je me voyais gratifié, toujours par le même ministre, d'une superbe augmentation qui causa un véritable scandale...

Je n'en jurai pas moins de me dérober aux interviews de tous genres, et j'avais strictement tenu parole quand, il y a quelques mois, un mien ami m'appela au téléphone.

— Voulez-vous recevoir un de nos confrères désireux de savoir ce que vous pensez de la Comédie-Française, de son administration, de son avenir ?

— Je n'ai rien à répondre. Il n'y a plus de question « Comédie-Française ». A bientôt et excusez-moi auprès de votre ami !

Je raccrochai mon appareil téléphonique... Le soir même, à ma stupéfaction, je lus un article fort gracieux consacré à mon interview du matin !... Immédiatement, je télégraphiai aux intéressés comment la chose s'était passée... Hélas ! l'été battait son plein, les sujets de chroniques se faisaient rares, et certains confrères grossirent cet incident, ne se doutant pas qu'ils étaient en train de me brouiller avec de très excellents mais vraiment trop susceptibles amis...

Et voici que, pour la troisième fois, je tombe dans l'interview, c'est-à-dire dans le piège. Tranquillement, je corrige des épreuves, entre Charles Joly, qui me conte les nouveaux triomphes de Camille Chevillard, et André Beaunier, qui me promet une conférence, lorsque, tout à coup, survient un jeune homme qui, amené par notre ami Georges Grison, sollicite mon opinion sur le théâtre de demain! Le théâtre de demain! Grave et inextricable problème! Je suis d'abord rebelle et lui indique la cause de mon refus; il insiste, Grison insiste; je leur fais remarquer à tous deux que nul n'est prophète en théâtre, et je leur confesse mon admiration absolue pour le grand théâtre classique. Je plaide une cause qui m'est chère et vante ces représentations classiques populaires des faubourgs, grâce auxquelles nos petits Parisiens de tous les quartiers peuvent maintenant applaudir chez eux les plus purs de nos chefs-d'œuvre. Je déclare que seul le théâtre classique donnera la solution du théâtre populaire et j'en conclus qu'il faut relier étroitement ces deux idées : théâtre populaire et théâtre classique.

Voilà la scène... M. Marcel Laurent l'a mise au point avec autant d'adresse que d'agrément. Mais sait-il qu'en me montrant le trop exclusif admirateur des génies classiques il m'attire bien des malédictions?

Sait-il enfin que, tant que la terre tournera, dramaturges, critiques et directeurs discuteront l'éternelle question de la réforme du théâtre? Ceux-ci disent réforme, ceux-là crise, d'autres révolution... Que de grands mots inutiles! Ne vaut-il pas mieux affirmer que la satire sociale, traitée par des mains moins habiles que celles de Molière et traitée sérieusement, sera toujours — le mot appartient à M. Brunetière — plutôt un instrument de division qu'un moyen de concorde? Veut-on décidément que le théâtre perde une part de son charme et de sa raison d'être? N'est-il pas attristant que les plus avisés de nos écrivains, considérant la scène comme une tribune, se confinent dans l'attaque, alors qu'il leur serait si aisé de combattre pour une idée et de la défendre! On ne veut plus de règles, on ne veut plus de lois, on ne veut plus de conventions, on confond la brutalité avec la force, la sentimentalité avec le sentiment et, au milieu de ces paquets d'injures, on mécontente tout le monde!

Est-ce bien là le théâtre de demain? Oh! que non!

Mars 1904.

LA CINQUANTIÈME DU « DÉDALE »

La Comédie-Française fêtait hier la cinquantième représentation du *Dédale* et la statistique officielle atteste que la moyenne des recettes de cette première série dépasse 7 000 francs. Voilà donc un magnifique résultat que ne prévoyaient certes pas les spectateurs de la trop fameuse répétition générale. Quant à l'auteur, qui trouve en ce persistant et si mérité succès la plus légitime des revanches, je crois bien qu'il a oublié toutes les sottes querelles et gracié ses injustes détracteurs.

Faut-il de cet incident tirer une leçon, comme le souhaitent les irréductibles adversaires des répétitions générales? Faut-il, au contraire, affirmer, avec certains dramaturges éprouvés, que le public de la première sera toujours disposé à casser le jugement de celui de la répétition générale et inversement? Peut-être serait-il plus équitable de reconnaître que cette question des répétitions générales reste insoluble.

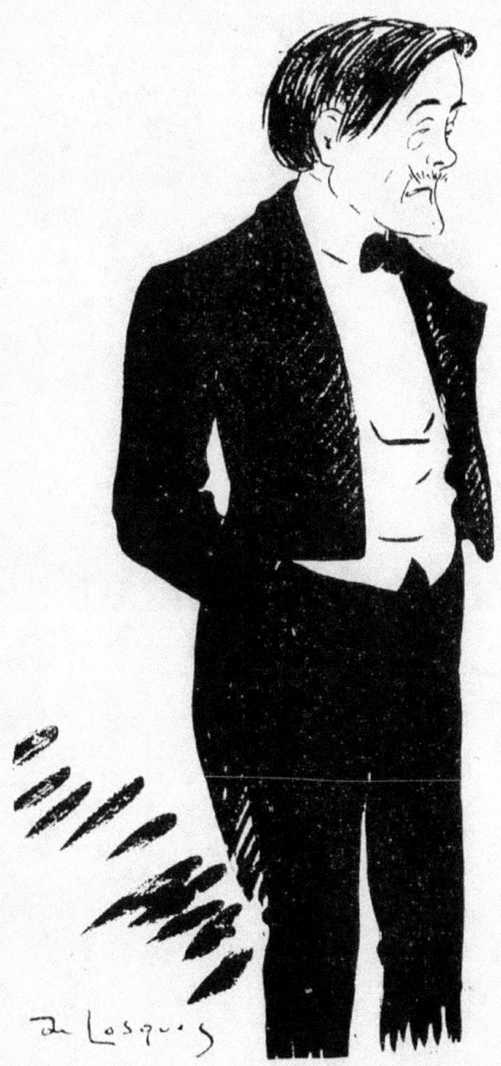

M. Paul Hervieu.

Quand, il y a deux ans, certains membres de la Commission des auteurs dramatiques, pris d'un beau zèle, voulurent supprimer ces avant-premières, toute la critique, on s'en souvient, protesta, bondit, et, en fin de compte, obtint gain de cause. Un pacte intervint, mais en réalité ce fut l'Association de la critique qui reçut toutes les satisfactions qu'elle exigeait.

L'écueil, l'inévitable écueil, c'est que trois avis, j'allais dire trois intérêts, restent en présence, tous trois parfaitement défendables : ceux des auteurs, ceux des critiques, ceux des directeurs. Les directeurs de nos grands théâtres du boulevard, sauf exception, pensent que les répétitions générales font double emploi et portent préjudice à la recette de leurs premières représentations. Les auteurs, eux, se divisent en deux camps : d'un côté, les vaudevillistes et les mélodramaturges, qui estiment qu'une seule audition de leurs pièces doit suffire à la critique; de l'autre, les écrivains de grandes comédies et les poètes, qui réclament des comptes rendus minutieux. De son côté, la critique revendique ses droits, proclamant que ce qui était possible autrefois ne l'est plus aujourd'hui, objectant que le lecteur veut savoir, dès l'apparition d'une pièce quelle qu'elle soit, s'il doit passer au bureau de location du théâtre.

Toutes ces raisons sont sans doute excellentes, mais donnent-elles la solution de la question? Sarcey, avec sa malicieuse philosophie, n'eût pas manqué de redire :

— Il y a deux sortes de pièces, celles qui font de l'argent et celles qui n'en font pas, ou, pour parler plus exactement, les bonnes pièces et les mauvaises. Vous me répondrez qu'une mauvaise pièce peut parfaitement rapporter à son auteur plus qu'elle ne mérite, alors qu'une jolie comédie — voyez certaines œuvres de Meilhac — ne plaît pas toujours au grand public... Mais ça c'est l'exception... Vos répétitions et vos premières, doublez-les, triplez-les, rien n'y fera!... La critique peut forcer un succès ou un échec; son pouvoir se limite là...

* * *

Je m'en voudrais d'aller contre d'aussi décisifs arguments. Tout de même je me demande ce qu'eût pensé l'Oncle — l'Archevêque du bon sens, disait M. Jules Lemaître — de l'aventure dont fut victime l'auteur du *Dédale*. Je dis *victime* et n'exagère pas... Que les interprètes, se préoccupant avant tout de leurs rôles, se soient tous déclarés enthousiastes le jour de la lecture et n'aient point, pendant les répétitions, changé d'opinion, passe! Que leur chef, organisateur de la victoire, ait partagé cet enthousiasme et se soit laissé aller à dire : « Voilà une vraie pièce du répertoire! » passe encore!... Mais est-il vraiment possible que trente personnes, assistant à la dernière répétition d'ensemble de l'ouvrage, se trompent au point de déclarer admirable une œuvre dont, quarante-huit heures après, les spectateurs de la répétition générale contesteront la haute valeur?

Je comptais, je l'avoue, parmi ces trente privilégiés. Cette répétition d'ensemble avait été triomphale. Il nous paraissait que jamais l'écrivain de la superbe *Course du flambeau* et de tant de belles œuvres n'avait été plus maître de sa pensée et de sa forme ; il nous paraissait surtout qu'à tous ces dons merveilleux qui assurent à M. Paul Hervieu la toute première place dans notre théâtre d'aujourd'hui, s'en ajoutait un autre très rare, très particulier, très doux : la sensibilité, une exquise et délicieuse sensibilité de poète. Oui! nous retrouvions, dans l'exécution même des personnages, cet autre Paul Hervieu qu'on ne connaît pas, parce qu'il craint de se faire connaître, et qui a comme honte de se faire aimer. Et tandis que nous quittions la salle, tous séduits et ravis, Octave Mirbeau, un autre Mirbeau également insoupçonné, pressait les mains de son fidèle ami et balbutiait, les larmes aux yeux :

— Vous savez que c'est très beau!...

Et cela était et reste très beau, profondément beau, trop beau sans doute, puisque, le lendemain, les spectateurs de la répétition générale ne comprirent pas. Dès la première scène, la toux, la fâcheuse toux de théâtre, gagna le public des fauteuils, des baignoires et des loges. Les privilégiés de la répétition d'ensemble se tenaient tous là solides au poste, mais que pouvaient faire, je vous le demande, trente combattants contre d'aussi rudes assaillants? Les interprètes eux-mêmes, décontenancés et désolés, perdaient pied, et déjà, dans les théâtres voisins et dans les cercles, de mauvais bruits se propageaient. Vous savez le reste... Chacun s'empressa de donner son avis : celui-ci conseilla l'amputation d'un acte; celui-là, non moins avisé, voulut qu'on remît la pièce à la saison prochaine. Et l'on ne retarda pas d'une minute la première représentation, et l'on supprima une lanterne et un buisson, et les spectateurs de la première firent spontanément, sans se soucier des vilains commérages de la veille, un accueil triomphal à l'œuvre, à son auteur et à ses parfaits interprètes. De cette maudite répétition générale il ne restait plus trace, les trente privilé-

Le Dédale.

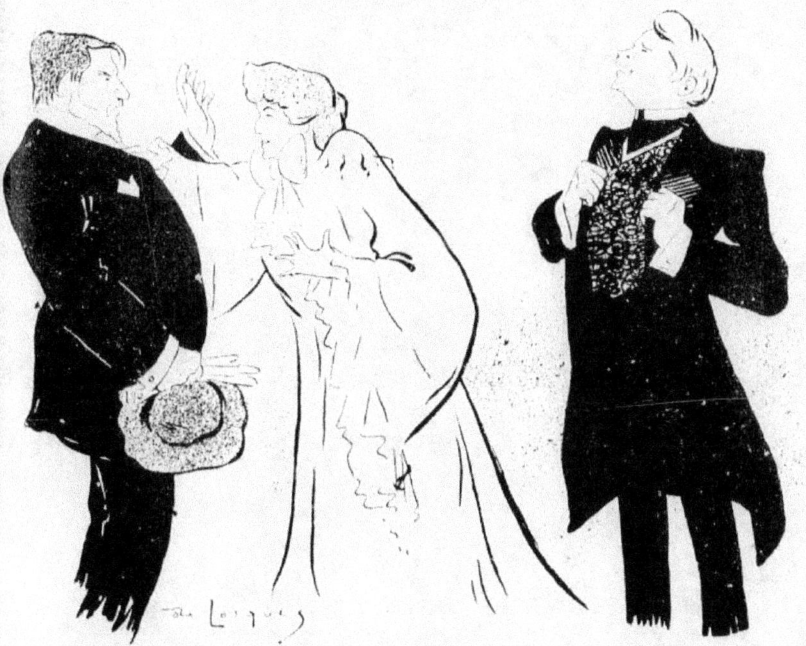

M. Paul Mounet. Mme Bartet. M. Le Bargy.

giés étaient vengés, la pièce partait pour le grand, pour le long succès, tandis que, blotti tout au fond d'une baignoire, un illustre académicien laissait tomber ces réconfortantes paroles :

— Savez-vous pourquoi cette œuvre est vraiment rare et exceptionnelle? Parce que son auteur défend toujours, sans jamais attaquer !...

*
* *

Un autre académicien, non moins célèbre, M. Ferdinand Brunetière, a dit et écrit : « *Le Dédale* est une tragédie ». De là de longues discussions. Mais il y a tragédie et tragédie, et peut-être vous souvenez-vous que dans une retentissante conférence odéonienne, qui date d'il y a douze ans, M. Brunetière, Racinien farouche et intransigeant, repoussa avec la dernière énergie le vieux Corneille qui croyait nous intéresser à l'histoire des Lombards et à celle des Huns et se piquait de connaître à fond l'art de la politique et celui de la guerre.

Non ! M. Brunetière ne veut pas que la tragédie dégénère en une leçon de politique et d'histoire; il n'admet ni les situations dont le spectateur est tenté de nier la vraisemblance, ni les dénouements qui étonnent et émeuvent, mais dont, au sortir du théâtre, il nous faut vérifier l'authenticité. Pour lui, la tragédie est l'image de nos mœurs et de nos passions; il entend que l'écrivain, partant de l'observation, s'applique à peindre des sentiments qui sont de tous les temps, de tous les lieux et à développer, selon les règles indispensables du théâtre, des situations ordinaires, pour ne pas dire quotidiennes.

... Cela est bien, en effet, la marche du *Dédale*. Point n'est besoin, pour faire avancer l'action, d'événements qui lui communiquent une impulsion du dehors; un mouvement tout intérieur s'y accélère d'acte en acte, de scène en scène; les sentiments ne se modifient qu'en s'opposant et en se contrariant entre eux, et la pièce entière, balancée par les résolutions correspondantes de ses trois principaux personnages, part, repart et rebondit pour courir à sa catastrophe finale.

Oui, une tragédie puissante, une des plus fortes tragédies de notre répertoire moderne que ce *Dédale*!... N'est-ce pas encore M. Brunetière qui, le soir de la première représentation de *l'Énigme*, alors que le second acte s'achevait au milieu de frénétiques applaudissements, nous contait, entre deux portants, l'histoire de Paul Hervieu, ses débuts dans le roman, et nous disait le plus simplement du monde :

— Une force, celui-là !...

Ce double éloge, qui s'adressait à l'écrivain et à l'homme, prenait, dans la bouche de M. Brunetière, une toute particulière importance. Oserai-je ajouter que je n'en sais pas de plus complètement mérité ?...

Mars 1904.

LA JEUNE COMÉDIE

Je dois un remerciement à M. Jules Claretie. Dans une aimable *Vie à Paris*, l'administrateur général de la Comédie-Française veut bien rendre justice à ma bonté, à mon activité, à ma diligence et aussi à mon agitation. Rappelant l'exemple de Villemessant, il s'ingénie à nous prouver que le monde est aux agitateurs et que les agités seuls font le bien en ce monde. J'accepte pour ma part, avec joie, de semblables prédictions; mais, que mon ami et éminent confrère me permette de lui dire : si ces *Trente ans de théâtre*, qu'il vante avec tant de complaisance, ont atteint et peut-être même dépassé le but de ses initiateurs, c'est à la Comédie-Française, et particulièrement à la jeune Comédie, que revient l'honneur de cette inespérée réussite.

Une Société de bienfaisance, une Œuvre de charité, rien de plus facile à mettre debout! M. Jules Claretie, impeccable président d'honneur de tous les comités, de toutes les associations et de toutes les fêtes, le sait mieux que nous. Ce qui est plus malaisé, c'est d'assurer la marche régulière d'une Œuvre, c'est de l'imposer au public à qui elle s'adresse, c'est de trouver la manière de répandre le bien, c'est, en un mot, de tâcher de faire de bonnes choses à l'aide de belles choses. Or, aujourd'hui encore, là comme partout, je le reconnais, c'est M. Jules Claretie qui a droit à la meilleure part; c'est sa jeune Comédie qui, sous sa généreuse impulsion, vient de fonder dans les faubourgs et dans la banlieue de Paris, je ne dis pas la grande scène populaire rêvée, mais une façon de théâtre-ambulant... Qu'il me soit donc permis, au moment où la cinquantième représentation de ce petit théâtre-nomade est sur le point d'être célébrée, d'exprimer notre gratitude à toute cette jeune Comédie qui, simplement, sans bruit, donne de temps à autre un peu de joie à nos petits Parisiens, en leur apportant chez eux les plus purs chefs-d'œuvre !...

Notre ami Georges Bureau, excellent avocat de théâtre, l'a judicieusement dit et écrit : on nous contait naguère que ces représentations classiques populaires des faubourgs présenteraient de graves difficultés, et voici qu'aujourd'hui, à l'annonce du programme, à la seule pose de l'affiche, toutes les salles sont louées et prises d'assaut! Que n'avait-on pas insinué? Ne prétendait-on pas que la Comédie, en déléguant ainsi ses artistes, se ferait tort à elle-même? L'expérience de ces deux années ne prouve-t-elle pas, au contraire, que Molière, Racine et Corneille n'ont pas à redouter la concurrence et que la moyenne même des recettes des représentations classiques de la Comédie a augmenté dans de sensibles proportions? M. Georges Bureau en conclut avec raison que les braves Parisiens de Grenelle et de Belleville, des Batignolles et de Montmartre, des Gobelins et du Montparnasse, s'empressent de revoir, rue de Richelieu, les œuvres qu'ils ont applaudies chez eux à si bon marché...

Et je me demande, en effet, avec M. Georges Bureau, si ces spectacles-ceintures, en même temps qu'ils popularisent et vulgarisent nos œuvres classiques, n'ont pas l'avantage de faire descendre dans Paris — je me sers à dessein de ces mots — tous ces publics des faubourgs jusqu'alors habitués à leurs seuls théâtres de quartiers. A mon sens, le public des petites places d'un théâtre, c'est le public du quartier de ce théâtre : ce sont les commerçants de la rue de Richelieu qui font le public des petites places du Théâtre-Français, de même que les négociants du Marais ou les ouvriers de Belleville forment les publics de l'Ambigu ou de Belleville. L'essentiel, c'est de déplacer ces spectateurs, et voilà pourquoi, en se transportant elle-même dans des théâtres de quartiers, la jeune Comédie amène rue de Richelieu des publics nouveaux et poursuit une œuvre véritable de décentralisation artistique.

Cette jeune Comédie n'en subit pas moins, à l'heure actuelle, de rudes attaques.

Il y a quelques années, on s'en souvient, notre regretté confrère Lucien Mühlfeld donna le signal ; la campagne fut violente et de méchantes questions de personnes s'en mêlèrent ; très courtoisement Lucien Mühlfeld capitula ; en beau joueur il proclama, le lendemain de la triomphale représentation de la superbe *Énigme* de M. Paul Hervieu, qu'un vent de gloire venait de souffler sur la Comédie-Française. La paix était ainsi faite...

Aujourd'hui, c'est notre distingué confrère Nozière qui reprend la sonnette d'alarme. Il passe en revue la troupe, le répertoire classique et les pièces modernes : il signale les erreurs des uns et les faiblesses des autres ; il souhaite certains engagements. Il conseille de nombreuses mises à la retraite ; très renseigné sur ce qui se dit et se passe à la Comédie, il promène un fer rouge sur des plaies qu'il juge incurables ; il ne cherche pas le moyen de guérir : il veut couper et trancher.

Je dois rendre cette justice à M. Nozière qu'il apporte, dans la discussion de ces questions, une conviction et une ardeur admirables. Je me trouvai, l'an dernier, précisément à propos du fonctionnement du théâtre populaire, en absolu désaccord avec lui ; il voulait — il veut encore — un théâtre populaire social ; je croyais, pour ma part, — je crois encore, — qu'un théâtre populaire ne peut vivre qu'à la condition expresse, absolue, indispensable, de ne représenter que des œuvres essentiellement classiques interprétées par des artistes rompus à ce répertoire spécial. J'ajoute que le théâtre populaire, ainsi conçu, ne saurait être un théâtre de quartier et que, pour réussir, il lui faut tous les quartiers. Et c'est parce que j'ai vu à l'œuvre, dans ces récentes tentatives, nos jeunes comédiens du Théâtre-Français, c'est parce que je sais leur bonne volonté et leur vaillance, que je demande aujourd'hui à mon aimable contradicteur si la *Maison de Perrin* (c'est ainsi que la nommait Henry Fouquier dans une étincelante préface aux *Annales du théâtre et de la musique* d'Edmond Stoullig) n'eut pas, elle aussi, ses fissures ? Les jeunes comédiens, devenus maintenant les anciens, ne

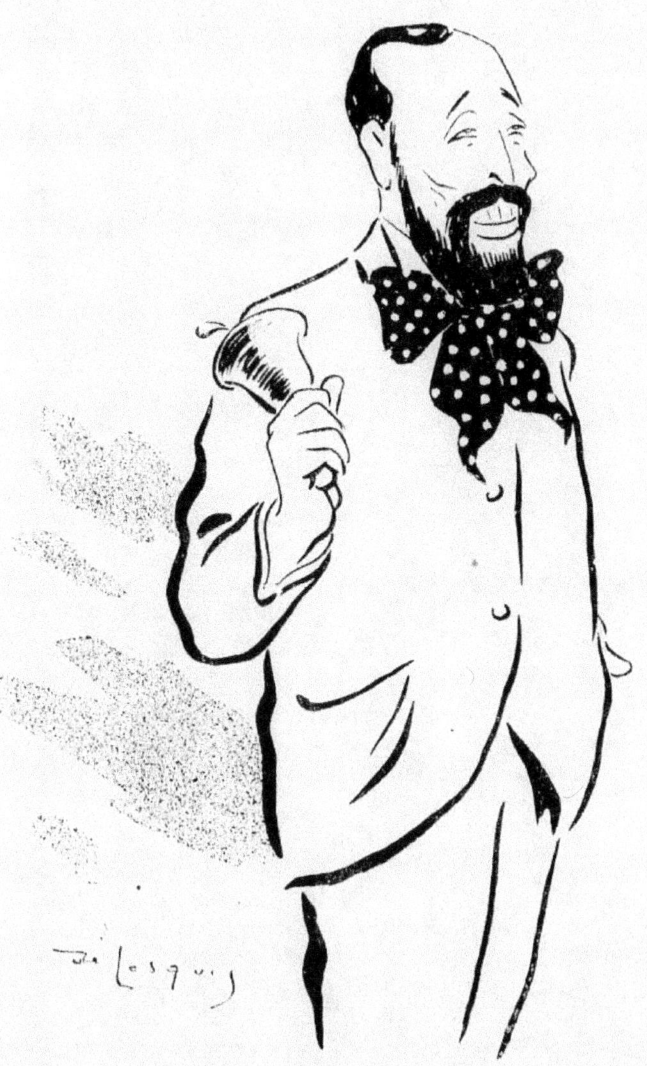

M. Nozière.

durent-ils pas attendre de longues années avant de jouer les grands rôles de leur emploi ? La route ne se trouvait-elle pas continuellement barrée par les chefs de file qui, pour rien au monde, n'eussent cédé les rôles dont ils se jugeaient les titulaires en chef? Les jeunes artistes d'alors ne souffrirent-ils pas terriblement de cette inaction forcée?

Durant nombre d'années, Augier, Dumas et Pailleron ne demeurèrent-ils pas les seuls dramaturges joués à la Comédie, et les portes de la *Maison de Perrin* ne restèrent-elles pas hermétiquement fermées à Henry Becque, à Meilhac, à M. Ludovic Halévy? Est-ce que les Chéry, les Dupont-Vernon, les Garraud, les Martin, les Frémaux, tous et toutes très consciencieuses utilités, valaient mieux que leurs successeurs? Est-ce que les artistes de nos théâtres de genre s'astreindraient à jouer cinq ou six rôles différents en une seule semaine? Est-ce que le merveilleux José Dupuis, se rendant bien compte de ces difficultés insurmontables, ne dut pas repousser les offres de Perrin? Est-ce qu'Adolphe Dupuis, comédien délicieux, ne se montra pas tout à fait inférieur dans le rôle de Tartuffe à l'Odéon ? Est-ce qu'enfin nos artistes les plus qualifiés pour entrer à la Comédie ne se trouvent pas contraints de renoncer à ce projet, les uns faute d'études classiques préparatoires, les autres, disons-le, faute de mémoire? Voilà, et je m'en voudrais de blesser de légitimes susceptibilités, pour les comédiens. Quant à la mise en scène des pièces de Dumas ou d'Augier, qui font partie du répertoire courant, comme *l'Étrangère* et *l'Aventurière*, qui donc en est l'auteur responsable, si ce n'est Perrin lui-même? N'est-ce pas sous sa direction que *l'Aventurière* fut remise à neuf et que *l'Étrangère* fut créée?

* * *

Le fer rouge, partout le fer rouge, alors?

J'ai reçu, mon cher confrère, certaines confidences, et je puis bien vous le dire, vous avez peiné, découragé de braves gens qui ne songent qu'à gagner honnêtement leur vie. Proclamez la médiocrité d'un comédien, jugez-le dans un rôle, blâmez-le, mais n'allez pas, sans discussion, exiger son renvoi!...

— Pourquoi vouloir qu'on me chasse? me demandait l'autre jour avec une infinie tristesse un comédien, tout jeune encore, comptant quinze années de loyaux services à la Comédie. L'heure de la retraite a-t-elle déjà vraiment sonné pour moi?

Je joue des rôles sans importance, je ne fais pas de bruit et je ne prends la place de personne... Suis-je donc devenu si encombrant ? Savez-vous qu'une retraite ne me suffirait pas pour faire vivre les miens ?...

De tels arguments sont-ils sans réplique ?...

Nous avons tous fait, il y a vingt ans, l'article-Bertrand, l'article-Koning, et même — Dieu me pardonne ! — l'article-Claretie ! Ils résistaient à toutes les secousses, ceux-là ! Ils étaient les puissants du jour... Mais les jeunes comédiens, les malheureux débutants sans défense ! Que de misères insoupçonnées ! Que de déceptions, que de chagrins on cause, sans y prendre garde !... Ah ! de combien d'articles de sévère critique je voudrais ne pas avoir été jadis le signataire !...

Avril 1904.

ENCORE LA JEUNE COMÉDIE...

Je ne puis que remercier M. Nozière d'avoir répondu avec autant de bonne grâce à mon article sur la *Jeune Comédie*. Je regrette seulement qu'il ait négligé une question capitale, une question qui prime toutes les autres : celle du recrutement des artistes de la Comédie.

Je rappelais, l'autre jour, qu'Adolphe Dupuis, charmant créateur de tant de rôles faciles dans l'aimable comédie de genre, s'essaya un jour à l'Odéon dans *Tartuffe* et y essuya un retentissant échec. Dirai-je qu'à la même époque Perrin, qui très justement considérait José Dupuis, le Dupuis des Variétés, comme un de nos plus grands comédiens, lui proposa de jouer M. Jourdain ?

— Peste !... fit José Dupuis. Comme vous y allez, monsieur l'administrateur !... *Le Bourgeois gentilhomme* !... Comment voulez-vous que j'apprenne ce terrible rôle ?... Le jouer, passe encore !... Mais le savoir ?

— Malheureusement, reprit Perrin, il faudra en apprendre, en savoir et en jouer beaucoup d'autres, mon cher monsieur Dupuis... Vous ne jouerez pas durant une saison, comme aux Variétés, le même personnage, mais souvent, en un seul mois, vous aurez tenu quinze rôles différents... De là, voyez-vous, la force de la Comédie-Française, de là sa vitalité... On attaque sans cesse notre théâtre, son organisation, ses artistes, ses auteurs et surtout son administrateur général... Eh bien! réfléchissez et trouvez un théâtre au monde qui pourrait ainsi varier ses spectacles, alterner l'ancien répertoire avec le nouveau, les vers avec la prose!... Savez-vous que, pour appartenir à la Comédie-Française, il faut un talent spécial, très spécial!... Eh! parbleu! beaucoup de vos camarades ont tout autant de talent que nos sociétaires, plus de talent, j'y consens! Geoffroy et Parade sont des artistes hors de pair, mais affronteraient-ils le répertoire de Molière? Affaire de cadre!

Perrin n'eut pas grand mal, on le devine, à convaincre Dupuis qui, au fond, ne demandait qu'à rester aux Variétés : il y gagnait trois cents francs par soirée et calculait qu'une saison d'hiver chez Bertrand rapportait à elle seule plus que cinq années entières rue de Richelieu. Nos comédiens se montrent-ils, en 1904, calculateurs moins habiles que José Dupuis ? M. Nozière ne le pense pas...

Il a toujours fallu et il faut encore aujourd'hui opter entre les appointements, très présentables mais relativement modestes, d'un sociétaire et les cachets quelque peu excessifs de nos étoiles, hommes et femmes, des théâtres de genre. L'honneur ou l'argent !...

* * *

Disons-le nettement : nos comédiens de genre ont aujourd'hui les mêmes craintes que leurs devanciers. Les uns, à la mémoire rebelle ou fatiguée, hésitent à entrer à la Comédie ; les autres confessent que les études premières de l'école de déclamation leur ont manqué ; d'autres enfin se sentent mal à l'aise chez Molière et leur talent s'y rétrécit et s'y guinde.

Un exemple, celui de Mlle Desprès. Après de fortes études au Conservatoire sous la direction de M. Worms, elle remporte au Gymnase et au théâtre Antoine les plus décisifs succès ; elle est engagée à la Comédie : elle y paraît dans *la Petite Amie*, de M. Brieux, et dans *Phèdre* ; ici et là elle se montre intéressante, originale, mais tandis que le public lui fait crédit, elle se décourage, elle donne brusquement

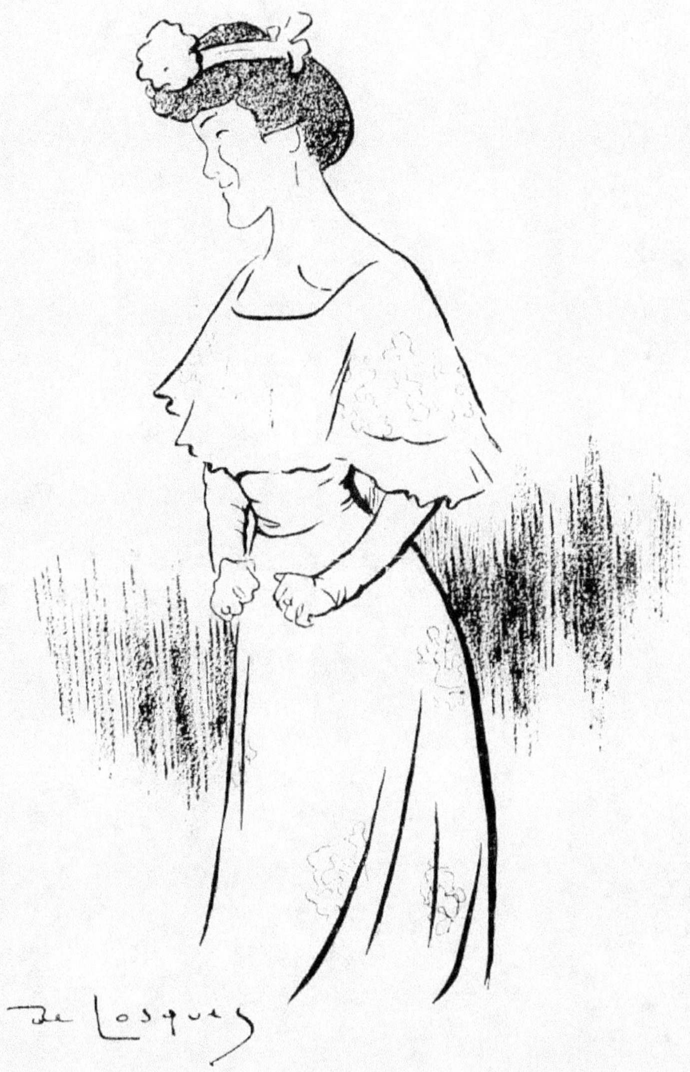

Mlle Suzanne Després

sa démission et prétexte qu'elle est dépaysée et inutilisée à la Comédie. Elle avait pourtant, elle, une excellente mémoire et les études classiques préparatoires ne lui avaient pas fait défaut !... Talent spécial ! eût dit Perrin.

Talent spécial, tradition, ton de la maison, vieilles histoires ! me répond mon brillant confrère.

Et ce qui est vrai pour les comédiens formant la tête d'une troupe ne l'est-il pas davantage encore pour les artistes que M. Nozière appelle malicieusement *les fidèles serviteurs* ? N'y a-t-il pas, dans *le Misanthrope*, d'autres rôles que ceux d'Alceste, de Célimène et d'Arsinoé ? N'est-ce pas pour ces autres rôles, pour ces personnages de second et de troisième plan, pour ces grandes et petites utilités que sont créés et mis au monde les fidèles serviteurs de la Maison de Molière ? On trouvera toujours des interprètes à même de rendre plus ou moins bien Tartuffe ou Alceste, Elmire ou Célimène ! Ce qui est plus difficile, c'est de jouer ce soir Eliante, demain une confidente de tragédie, après-demain Angélique et, entre temps, les rôles les plus variés de la comédie moderne. Ce qui est plus difficile encore, c'est de jouer en une seule semaine le Roi du *Cid*, l'Ariste des *Femmes savantes*, le Béralde du *Malade imaginaire*, le Cléante de *Tartuffe*, sans compter un notaire, deux avoués et trois commissaires de police de la comédie moderne! Tronchet, le pauvre Tronchet qui, durant plus de quarante années, se contenta d'apporter « les commodités de la conversation » dans les *Précieuses ridicules*, ne passait-il pas, à très juste titre, pour un acteur de réel talent? Affaire de cadre! Ton de la maison!

*
* *

Mon confrère me permettra-t-il, à ce propos, de lui conter une concluante aventure dont il vérifiera aisément l'absolue authenticité? C'était il y a trois ans environ; le Comité de lecture venait d'être supprimé; on prêtait à nos comédiens de noirs projets; il fallait se tenir prêt et veiller à tout événement, car on parlait de grèves générales et de relâches forcées. Un artiste très connu, très aimé, très entreprenant, rendit alors visite à M. Antoine et lui demanda si, le cas échéant, il serait disposé à entrer à la Comédie en compagnie de quelques autres comédiens recrutés un peu partout. Sans hésiter, avec sa loyauté habituelle, M. Antoine répondit :

— Ma place est ici, dans mon théâtre! Et

puis, voyez donc ce que *le Médecin malgré lui* a donné chez nous ! Il a été monté aussi bien que possible et le public n'y est pas venu ! J'en conclus que les œuvres classiques ne peuvent réussir qu'à la Comédie-Française : elles y sont nées, elles s'y sont acclimatées, elles y vivent, elles y prospèrent. J'ajoute qu'il en est des interprètes comme des ouvrages. Ceux d'entre nous qui déploient un merveilleux talent dans l'exécution de certains rôles modernes seraient fatalement condamnés à l'insuccès s'ils abordaient un personnage du répertoire classique !

On ne pouvait, à mon sens, reprendre, avec plus d'à-propos, la saine opinion de Perrin et résumer d'une façon plus précise la question du recrutement des artistes de la Comédie.... Quand M. Nozière déclare que nombre d'artistes de notre premier théâtre utiliseraient difficilement leur talent au Vaudeville et au Gymnase, je lui demande, à mon tour, combien de comédiens du Vaudeville, du Gymnase et du Palais-Royal pourraient s'astreindre aux obligations de la Comédie... Oui, combien en trouverait-il qui, demain, seraient à même de recueillir le modeste mais très lourd héritage des « fidèles serviteurs » de la Comédie? Par qui remplacerait-il les utilités d'aujourd'hui, les utilités masculines et féminines? Un rôle de troisième plan du répertoire classique n'est-il pas autrement redoutable qu'un personnage accessoire ou épisodique d'une pièce de genre?

. · .

La vérité, mon cher confrère, c'est encore Sarcey — oui, Sarcey, ne bondissez pas! — qui, avec sa parfaite connaissance des choses du théâtre et son admirable bon sens, nous l'a donnée de façon définitive et indiscutable. « Le Théâtre-Français, écrivait-il, possède un grand mérite : celui d'exister. Si on le jette par terre, il sera impossible de le rebâtir jamais... Il faut donc le garder et ne pas trop s'inquiéter des abus qu'on y remarque. »

L'Oncle, voyez-vous, le brave Oncle était décidément un sage!...

Mai 1904.

POUR L'OPÉRETTE

Croyez-vous, messieurs les trusteurs, qu'au lieu d'entamer d'inextricables procès, mieux ne vaudrait pas tout bonnement créer à Paris un théâtre d'opérette? La faveur avec laquelle on vient d'accueillir, aux Variétés, la jolie musique de Johann Strauss ne vous prouve-t-elle pas qu'il serait bien plus facile de ressusciter l'opérette que de confectionner le trust? Ne vous semble-t-il pas qu'on se montre bien injuste pour les disparus, Offenbach, Hervé, Audran, Planquette, et n'est-il pas attristant de considérer que Lecocq, Messager, Varney, Serpette et tous leurs jeunes confrères n'ont plus aujourd'hui un seul refuge à Paris? Vous ne vous doutez pas, messieurs les trusteurs, que *la Belle Hélène*, *la Fille de Mme Angot*, *les Mousquetaires au couvent*, *François les Bas bleus* et tant d'œuvres charmantes que vous connaissez mieux que moi, se jouent régulièrement, avec le plus brillant succès, à Londres, à Bruxelles, à Berlin, à

Vienne et à Pétersbourg, tandis que notre Paris reste la seule capitale du monde qui ne possède pas son théâtre d'opérette. Vous ne vous dites pas qu'il y a là quelque chose de véritablement exceptionnel et que la reconstitution intelligente d'une scène d'opérette vous ferait plus d'honneur que toutes vos associations de dramaturgie !

Vous objectez que c'est la critique musicale nouvelle qui malmena, dénigra et tua le genre, et que c'est l'Oncle lui-même qui jeta jadis le cri d'alarme en ses retentissants feuilletons. Je les ai cherchés, à vous dire vrai, ces fulminants articles, dans ces *Quarante ans de théâtre* que je vous conseille de relire, messieurs les trusteurs ! Mais de cette guerre contre l'opérette je ne retrouve plus trace, et j'en conclus que mon très cher ami Adolphe Brisson, qui a si fidèlement remis en ordre l'œuvre de Sarcey, aura, avec sa perspicacité coutumière, jugé ces articles quelque peu négligeables. Il se sera sans doute souvenu qu'un certain soir, à l'Opéra, il y a une dizaine d'années, au milieu d'une magnifique représentation d'une des plus célèbres œuvres de Wagner, Sarcey nous tint, à lui et à moi, le langage suivant :

— Je ne nie pas que cela ne soit très beau, absolument beau !... Il faut le croire puisque tout le monde

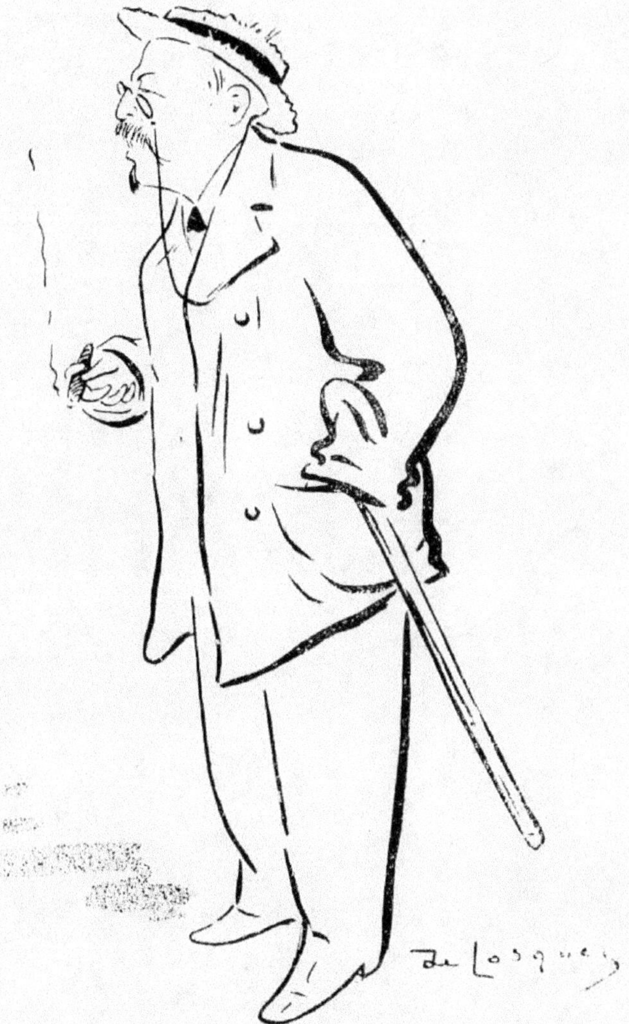

M. Samuel.

le dit, et nul plus que moi ne s'incline devant les arrêts du public... Seulement, que voulez-vous? C'est la mode qui l'exige ainsi... Et vous savez que, chez nous, rien ne résiste à la mode... Suivons-la donc! Elle a ses caprices; elle passe... Attendons avec patience!... Une réaction est fatale... Vous y assisterez, vous, tous les deux; quant à moi, je n'aurai pas la joie de voir mes prédictions se réaliser, et peut-être qu'après avoir été traité si souvent de vieille barbe pendant ma vie, on me rendra un peu de justice après ma mort! Un critique devrait vivre comme Mathusalem!... Il aurait au moins le temps de juger s'il s'est montré bon prophète ou s'il n'a été qu'un vulgaire imbécile!

Puis, cette boutade lancée dans un large éclat de rire, il reprit :

— Entendons-nous bien, au moins!... Il est très possible que ceux qui proclament que l'orchestre doit traduire ce que les paroles humaines ne peuvent exprimer, il est très possible que ceux-là aient raison contre moi, profane. L'orchestre, suivant ces messieurs, est aussi bien la voix de la forêt que celle de la mer, et. si je comprends leur méthode, la musique devient le dessin de l'œuvre, alors que l'orchestration en doit être la couleur. Mais qu'y faire? Est-ce parce que je garde un souvenir attendri de mes années d'enfance ? Moi, je reste fidèle à Fanchon. Et Fanchon, voyez-vous, mes enfants, Fanchon, c'est notre chère et vieille musique de France! Une mouche au coin de l'œil, un baiser sur les lèvres, faisant voir ses belles dents et sa gorge affriolante, Fanchon rit, Fanchon chante... Rencontre-t-elle un amoureux dans la campagne ? Elle s'attendrit, elle effeuille une marguerite et elle chante encore !... Qu'elle rie ou qu'elle pleure, Fanchon chante toujours, Fanchon chante partout!... Et c'est là ce qui la distingue de vos héroïnes de drames lyriques!... Celles-là ne chantent plus, elles déclament; elles déclament si parfaitement que moi, qui viens en ce beau théâtre pour y entendre chanter, je ne m'y retrouve plus... Ce dont j'enrage surtout, c'est que, dans vos opéras, je ne vois plus ni les interprètes ni les décors, ni rien de ce qui se passe en scène. Or, moi — toujours mes détestables instincts qui reprennent le dessus! — quand je ne vois pas, je ne comprends pas. Si j'ai tant pesté contre certaines mises en scène de Perrin à la Comédie-Française, c'est que, par amour de la mode et par snobisme, ce diable d'homme, voulant obtenir de nouveaux effets de lumière, nous plongeait, pendant les trois quarts d'une représentation, dans une obscurité complète... A la vérité, toutes ces plaisanteries nous arrivent en droite ligne de l'étranger. Seulement, savez-vous ce que me répondit un jour un impresario d'un grand théâtre allemand à qui je reprochais de faire ainsi les ténèbres pour chaque représentation ? « Ne le dites à personne, monsieur Sarcey, mais j'ai calculé que ce système d'obscurité avait fait, sur mon budget de dépenses, une économie de plus de cinquante mille francs par an, et mes actionnaires, me sachant gré de cette réforme, m'ont renommé directeur. »

.˙.

De ces sages avis de l'Oncle, tirez des conclusions pratiques, messieurs les trusteurs !

On nous habitue aujourd'hui à ne plus voir clair au théâtre ; on a bien tort. Le public — ce sont ses intérêts que vous défendez, paraît-il, — est comme Sarcey ; il veut comprendre, et pour comprendre il a besoin de voir... Ceci ne va pas sans cela. Revenez donc à l'ancien système de la pleine lumière de théâtre qui, s'il vous coûte d'un côté cinquante mille francs, vous permettra de les regagner de l'autre, et très largement.

Vous soumettrai-je une observation ? Créez un solide répertoire ! Certes, nous ne résistons ni à *la Belle Hélène*, ni à *la Grande-Duchesse*, ni à *la Périchole*, ni à *Barbe-Bleue*, ni aux *Brigands*, ni à *la Vie Parisienne* ; nous prenons un plaisir extrême à écouter cette musique gracieuse, ailée, tempérée dans ses extravagances par des paroles d'une délicieuse irrévérence. Tous, nous connaissons ces petits chefs-d'œuvre où la souriante poésie se mêle à la bouffonnerie la plus folle. Mais *le Pont des Soupirs*, mais *les Bavards*, mais *la Princesse de Trébizonde*, mais *la Jolie Parfumeuse*, si maladroitement agrandie et déformée, il y a quelques années, dans le trop vaste cadre de la Gaîté ! Mais tous ces petits actes, *la Chanson de Fortunio*, *Pomme d'api*, *l'Ile de Tulipatan*, *le Mariage aux lanternes*, qu'on voudrait tant revoir et qu'on ne revoit plus qu'imparfaitement exécutés au piano dans de vagues casinos de bains de mer ! Nous avons, nous, entrevu les derniers survivants de ce théâtre de Meilhac-Halévy-Offenbach ; nous y avons applaudi José Dupuis, Baron, Léonce, Christian, Cooper, et quand nous admirions ces grands parodistes, nos anciens, prenant des airs inspirés, nous disaient : « Ah ! si vous aviez vu Grenier ! et Kopp ! Et Schneider !... » Et, aujourd'hui.

avec les mêmes attitudes, avec la même gravité, nous reprenons la même formule, et nous répétons à ceux qui nous suivent : « Ah ! Dupuis ! ah ! Christian ! ah ! Léonce ! » Et ce sera toujours la même chose, parce que c'est toujours la même chose !

A ces œuvres d'Offenbach que les anciens ont oubliées et que les jeunes ne connaissent pas, joignez celles des compositeurs dont je vous parlais tout à l'heure, et vous aurez le plus riche répertoire du monde. A l'exemple de nos deux grandes scènes musicales, variez chaque soir votre affiche et rendez-nous, avec le répertoire Offenbach-Meilhac-Halévy, *le Petit Duc*, *la Fille de Mme Angot* et aussi *Giroflé* et *la Petite Mariée*. Rendez-nous les *Mousquetaires*, ceux du *Couvent* et *les Petits*, sans compter *l'Amour mouillé*. Rendez-nous *Adam et Ève* ; rendez-nous l'exquise *Isoline* et *Rip* et *les Cloches* et même *la Mascotte* et *le Grand Mogol*, et, si vous le voulez, rendez-nous *Joséphine* ! Songez que toutes ces œuvres aujourd'hui mortes, et dont seules les revues de cafés-concerts nous offrent les gentils refrains, sont nées à une époque où Paris comptait quatre, cinq, six théâtres d'opérette : les Variétés, la Gaîté, les Bouffes, la Renaissance, les Nouveautés, et parfois le Palais-Royal. *Joséphine* faisait ainsi tort à *Rip* et *le*

Grand Mogol désolait *le Petit Duc*. Et je ne vous parle pas de tous ces jeunes auteurs qui, désorientés, n'ayant plus de théâtre, se réfugient dans la valse café-concert.

N'allez point nous conter, au moins, que les interprètes manquent. Jamais, je crois, ils n'ont été plus nombreux. Hélas! comme les compositeurs, ils perdent courage : ils envahissent les cafés-concerts et les music-halls ; ils y gagnent trois cents francs par soirée, et d'avance je prévois que vous ne voudrez pas leur octroyer de tels appointements.

Mais qui vous dit que, ravis de répondre à votre appel, ils ne renonceraient pas aux monotones compères et commères et aussi à la malfaisante fumée? Qui vous dit qu'ils ne confessent pas que la vogue du concert est de plus courte durée que celle du théâtre? Leurs noms? C'est Mme Simon-Girard, reine du genre... C'est Germaine Gallois, à laquelle les auteurs de revues font des rôles et les directeurs de music-hall des ponts d'or, et qui, chanteuse exquise et avec cela comédienne experte, nous rendrait toutes les héroïnes d'opérette; c'est Juliette Méaly, à la voix chaude et claironnante; c'est Mariette Sully, pimpante et spirituelle; c'est la si aimable Jeanne Petit. Et voilà déjà quatre étoiles de première grandeur qui n'appartiennent actuellement à aucun théâtre... Si elles hésitent, rassurez-les en leur donnant l'exemple de notre incomparable Jeanne Granier ; prouvez-leur que tous les genres sont bons et que rien ne s'oppose à ce que, dans quelques années, elles ne deviennent, comme Jeanne Granier, grandes artistes de comédie après avoir été étoiles d'opérette.

Trustez-les ! Trustez-les bien vite, messieurs ! Ramenez autour d'elles tous ces comédiens égarés dans les théâtres d'à côté, et quand vous aurez mis sur pied ce répertoire et cette troupe, ouvrez votre joli théâtre ! Qu'il y fasse clair, qu'il y fasse gai ! Et je vous assure bien qu'aux premiers sons de votre orchestre vous verrez tout Paris heureux, rajeuni, ragaillardi, se lever d'un seul bond et courir à la joie...

Mai 1904.

A MADAME JANE HADING

Un écrivain rare, grand ami des femmes, un Phocéen exquis, dont les lecteurs du *Figaro* goûtèrent la souriante indulgence et le délicieux optimisme, me disait un jour :

— Oh ! celle-là, elle est sacrée pour moi... Elle est née sur la Canebière !

Celle-là, madame, c'était vous, et votre défenseur se nommait Henry Fouquier. Vous étiez, à cette époque, la reine du théâtre de Madame ; vous portiez chance aux dramaturges et assuriez le succès de leurs ouvrages. Excellente habitude que vous gardez précieusement, je me plais à le reconnaître. Vous veniez de chanter, et avec quel charme, les plus aimables opérettes, et la séduisante héroïne des *Batailles de la vie*, de M. Georges Ohnet, ne se montrait pas inférieure à *la Jolie Persane* de Charles Lecocq. Ces très mérités triomphes vous valaient naturellement de nombreux détracteurs, et la jeune critique, toujours prête à démolir les idoles du public, vous faisait la guerre. Je comptais parmi ces ardents guerriers, me contentant de louer la beauté de votre visage, la souplesse de vos mouvements et la coquetterie de vos attitudes...

Peut-être aurais-je longtemps encore persisté dans ma détestable erreur, si Henry Fouquier, en irréductible Marseillais qu'il était, ne m'avait lancé la véhémente apostrophe : « Elle naquit sur la Canebière ! » Il ajouta même que toute la famille Hadingue — voyez comme je respecte l'orthographe du Midi ! — habitait votre ville natale depuis les temps les plus reculés, qu'on l'y honorait grandement, et que votre père, régisseur général du premier théâtre de la ville, avait présidé aux débuts de la petite Jane, adorable enfant de la balle.

Souffrez donc, madame, qu'à l'occasion de votre brillante rentrée à la Renaissance, je vous avoue une bonne fois mes torts et rende grâces à votre Canebière qui, justement fière de la petite Hadingue et de votre illustre compatriote Fouquier, peut tout de même, je crois, revendiquer une assez proche parenté avec l'auteur de la très jolie *Châtelaine*.

Entre parents, on se doit des égards, même à Marseille... Alfred Capus vous a donc fait un beau rôle convenant merveilleusement à votre talent assoupli et affiné ; de votre côté, vous avez popularisé l'aimable Thérèse de Rives et, après un nombre incalculable de fructueuses représentations à travers l'Europe, après une longue année d'absence, vous nous la rendez telle que nous l'avons connue et aimée ; les voyages ne l'ont pas déformée et sa grâce reste bien intacte.

C'est là, permettez-moi de vous le dire, un très stupéfiant tour de force que vous réalisez... Combien de vos camarades, et non des moindres, ne pourraient pas en faire autant ! Combien d'entre eux, laissant dans ces interminables voyages le meilleur de leur talent et aussi un peu de leur santé, ont peine à reprendre contact avec notre public de Paris !

Ces revers de la tournée, vous ne les connaissez pas encore... Vous faites mieux : vous professez sur le retour à Paris une opinion toute particulière... Comme beaucoup de Parisiens, comme notre pauvre ami Meilhac, dont vous avez été la sémillante Froufrou, vous pensez qu'il faut quitter la capitale, rien que pour goûter la joie d'y revenir... Vous sentez votre cœur battre, lorsque, rentrant de Vienne, vous apercevez nos fortifications qui, au fond, valent bien celles de Marseille. Vous retrouvez, dans cette fête du

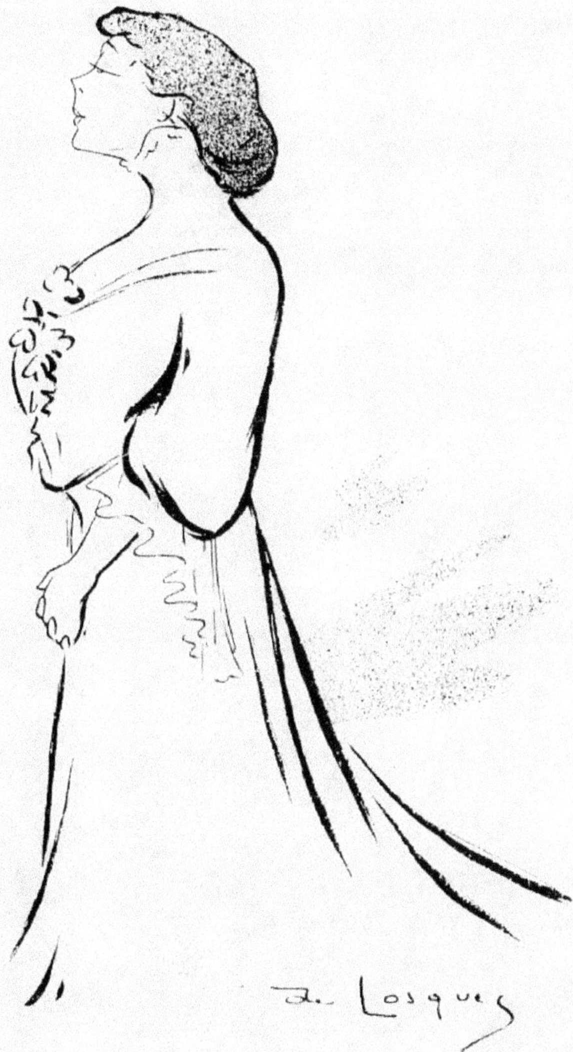

Mme Jane Hading.

Retour, quelques minutes supérieures. Ah ! que je vous comprends !

* * *

Mais vous êtes trop avisée, vous avez un sens trop exact des choses du théâtre pour ne pas confesser qu'un retour aussi intelligemment opéré présente encore d'autres avantages.

La comédienne, selon vous, doit se faire regretter : elle ne peut garder la place qu'elle a conquise, elle ne peut tenir son rang qu'à la condition absolue de ne pas créer trop de rôles. Une pièce jouée trois cents fois de suite au cours d'une seule saison, malgré l'inévitable fatigue que cause à l'interprète un tel labeur, rapporte plus que quatre créations inutiles, si intéressantes qu'elles paraissent. Vous ne consentez pas, pour le seul plaisir de tenir un beau rôle et de satisfaire votre amour-propre, à vous user et à vous compromettre auprès du public. N'est-ce pas — vous en souvenez-vous ? — votre grand camarade Got, aux côtés duquel vous avez supérieurement joué la marquise d'Auberive, n'est-ce pas Got qui disait :

— Un mauvais rôle dans une bonne pièce vaut mieux qu'un bon rôle dans une mauvaise ! Ne pas trop jouer, savoir se faire désirer, c'est encore le meilleur moyen de montrer qu'on a véritablement du talent !

Et cette malicieuse boutade ne vous rappelle-t-elle pas le fameux mot de Dumas :

— Pourquoi je ne vous fais plus ni pièce, ni rôle ? répondait-il, quelque peu découragé, à un comédien un tantinet indiscret. C'est parce que je n'ai plus rien à dire !

Mais les comédiens, et plus encore les comédiennes — n'est-il pas vrai, madame ? — ne veulent pas toujours mettre en pratique d'aussi judicieux conseils. Vous, au contraire, de même que vous savourez la joie du retour, vous savez attendre l'heure du beau rôle, et vous jouez chaque année une pièce nouvelle. Puis, quand le succès s'en épuise, quand les recettes diminuent, quand vous avez payé votre tribut annuel, quand vous êtes en règle avec auteur, directeur et public, vous faites vos malles, vous prenez le train, vous nous quittez et, suivant le mot d'un grand critique qui n'était point votre compatriote, celui-là, et qui n'en fut pas moins votre très fervent admirateur (relisez les étincelants articles de J.-J. Weiss), vous allez porter sur les terres étrangères un rayon de France ! Voilà votre manière de n'avoir plus rien à nous dire...

* * *

Oserai-je cependant vous présenter, à mon tour, un simple avis?

Tout récemment, à propos de la Comédie et de certains engagements, votre nom était prononcé. On rappelait justement que vous y avez joué avec le plus décisif succès deux rôles considérables du répertoire moderne, et on se demandait pourquoi, après avoir franchi ce pas redoutable, vous aviez brusquement quitté la place. Comment ne vous êtes-vous pas dit, madame, qu'avant vous bien des comédiennes durent, le stage obligatoire du pensionnariat accompli, patiemment attendu leur tour de sociétaire? Les douzièmes vous ont fait peur et vous avez reconquis votre liberté. Vous avez remporté de nouvelles victoires et visité de nouveaux pays. Vous avez, en somme, repris votre heureuse méthode : vous avez voulu vous faire regretter, et vous y avez réussi.

Mais ne pensez-vous pas qu'il y avait à la Comédie une fort belle place à prendre? Avez-vous seulement consulté l'histoire de ce théâtre? Lisez cette histoire, et vous apprendrez qu'autrefois une très grande comédienne joua sans faiblir, pendant plus de trente années, les amoureuses, les jeunes premières, les coquettes, et s'essaya, cette première étape parcourue dans un emploi nouveau qui lui valut ses plus retentissants succès. Cette très grande comédienne avait nom Madeleine Brohan.

Une autre artiste, il y a quelques années, s'inspirait de cet exemple. Elle débutait dans mistress Clarkson et Elmire, puis, le sociétariat conquis haut la main, elle s'installait dans les rôles laissés vacants par le départ de Madeleine Brohan, et elle s'y installait si complètement qu'elle y reste sans rivale. Cette artiste s'appelle Blanche Pierson.

Vous objectez qu'elles se font rares les comédiennes de cette trempe, capables de parcourir une double carrière. Si je vous disais que vous semblez appartenir à cette race privilégiée! Si je vous disais que, suivant la route tracée par vos célèbres devancières, vous pouvez encore, durant de longues années, attendre l'heure du beau rôle, quitte à retrouver ensuite de nouveaux triomphes! Ce sont là des joies très particulières... Et vous m'excuserez si, pécheur repenti, je me permets de vous parler de vos futures victoires, alors que vous avez parfaitement raison de vous laisser bercer par vos présents succès...

Mai 1904.

LA REPRÉSENTATION HENRY BECQUE

Pour Becque! écrivais-je à cette place il y a quelques mois. Je demandais alors à M. l'administrateur général de la Comédie-Française d'oublier les injustes attaques dont l'auteur de *la Parisienne* le cribla jadis, et je lui soumettais une idée qui m'était confiée par M. Paul Mounet, reconnaissant interprète de *Michel Pauper* à l'Odéon.

Tandis que je contais ces projets, M. Antoine, à qui revient le très grand honneur d'avoir imposé *la Parisienne* et de l'avoir définitivement installée au répertoire de tous les théâtres de France, s'employait à grouper les admirateurs de Becque; un Comité se fondait grâce à son intelligente initiative et M. Victorien Sardou voulait bien en accepter la présidence. Honneur deux fois dû à notre illustre dramaturge qui, mieux que tout autre, devait réussir dans des démarches particulièrement difficiles auprès des pouvoirs publics et qui, nul de nous ne l'oublie, a toujours défendu Becque contre les intrigues et les perfidies.

Notre ami Robert de Flers vous a dit, dans un article excellent, combien de fausses légendes se répandirent autour de Becque et comme on lui en voulait de rester d'accord avec ses principes, ici au théâtre, là dans la vie courante !

— Un mot de Zola, nous répétait Becque, devrait nous servir de devise : « Faire de l'art, c'est faire quelque chose qui est en dehors de l'homme et de la nature. Il faut faire de la vie ! » Faire de la vie, créer toujours et créer à nouveau, en dehors de tout, selon ses yeux, selon ses forces, suivant son tempérament et son âme... Réaliste, naturaliste, matérialiste, moi ! reprenait-il, haussant ses fortes épaules et lançant un formidable éclat de rire parsemé d'inintelligibles monosyllabes... C'est votre Oncle, votre mauvais Oncle, qui établit des classifications, donne des modèles, réclame des retours au passé et ramasse dans tous les coins et dans tous les temps des morceaux d'idéal ! Oh ! la vilaine besogne que vous accomplissez là, vous, les détestables neveux de l'Oncle !

Neveux de l'Oncle ! Il était impossible d'articuler, de scander et de vibrer ces mots avec plus de netteté et de colère. On eût dit que Becque allait d'un seul coup exterminer toute la famille de l'Oncle et mettre en feu tout l'hôtel de la rue de Douai. Mais ces rancunes s'apaisaient vite. Il savait l'inaltérable et reconnaissante affection qui nous liait à son terrible adversaire et il se doutait bien que certaines pages de ces impérissables *Souvenirs d'un auteur dramatique* avaient causé à beaucoup d'entre nous un réel chagrin... Puis, tout à coup, changeant de ton, contemplant et aguichant une jolie femme qui passait, il débitait des vers... Ce croquemitaine les disait en poète, en rêveur, en amoureux, d'une voix douce, caressante, métamorphosée.

— Et n'est-ce pas, soupirait-il alors avec une naïveté charmante, n'est-ce pas que les naturalistes ignorent ce langage-là ?

Ce sont ces vers exquis que dira aujourd'hui M. Constant Coquelin à la matinée du théâtre Antoine. Ce sont ces *Sonnets d'amour* qu'un soir d'hiver, avant de nous quitter pour toujours, Becque inscrivait sur notre phonographe... Vous souvenez-vous, mes chers Gandillot, Capus et Félix Decori, de ces inoubliables soirées ? Le rouleau du phonographe, reproduisant la voix de notre ami, est là chez moi, caché au fond d'une armoire. Je n'ose plus l'y chercher, et je ne veux tout de même pas le détruire!...

C'est ce poète qu'il faisait si bon de connaître et qu'il était impossible de ne pas aimer! Eh oui! Des traits, des boutades, il en jetait à tort et à travers et de toutes les couleurs! Mais, je l'ai dit souvent ici, et nos lecteurs excuseront ces redites, jamais une action intéressée, jamais une flatterie, jamais un faux pas! On a colporté, on a travesti des mots à l'emporte-pièce qui déchiquetaient tout un homme. Mais a-t-on raconté que Becque allait faire des conférences en Italie, qu'on négligeait de le payer, et que, sans adresser la moindre réclamation, ayant dans sa poche juste de quoi acheter un croissant et un rond de chocolat, il faisait trente-six heures dans un wagon de troisième classe? A-t-on rappelé qu'un autre jour, un autre mauvais jour, le feu ayant pris dans sa chambrette de l'avenue de Villiers, il dut s'enfuir revêtu d'une redingote qui lui tenait lieu à la fois de jaquette et de pardessus? A-t-on su enfin les inappréciables services de tous genres qu'il rendit aux débutants? Becque n'avait pas un sou et il trouvait moyen de donner un peu d'argent à ceux qui en manquaient. Songez qu'on a retrouvé dans ses papiers des billets à ordre! Cet homme qui stigmatisa d'un fer rouge les gens d'affaires, cet homme qui, toute sa vie, s'est débattu au milieu d'implacables créanciers, avait des débiteurs! Voilà ce redoutable bouledogue qu'on a cherché à rendre impopulaire, et dont on s'est lâchement moqué! Voilà l'ami rare qui savait faire le bien discrètement et doublement!

Vous comprenez maintenant pourquoi les amis de Becque tenaient à honneur de préparer à l'écrivain aussi bien qu'à l'homme la revanche qui lui était due.

Oserai-je l'avouer?... J'ai assisté à l'éclosion de bien des soirées théâtrales, à la confection de bien des galas officiels et j'ai souvent remarqué, non sans une certaine mélancolie, que toutes les séances de ces commissions préparatoires étaient parfaitement inutiles. Mais cette fois, contrairement à l'usage, on a fait vite et on a fait bien. On a même fait mieux. Des écrivains, des directeurs de théâtres, des comédiens, des fonctionnaires auxquels s'étaient jointes des femmes de lettres, ont trouvé le moyen de se réunir souvent, très souvent, de tenir des conciliabules, de prendre des décisions et d'accomplir toute cette besogne le plus amicalement du monde... Nous ne redoutions pas ces séances, nous avions plaisir à répondre aux convocations hebdomadaires de M. Antoine, nous nous sentions en pleine confiance les uns avec les autres : unis dans la même pensée, nous nous rendions compte que nous collaborions tous à une bonne, à une très bonne action.

Et voilà comment, grâce à notre incomparable président, M. Victorien Sardou, le monument projeté sera placé en plein Paris, au coin de cette avenue de Villiers que Becque déclarait le plus beau boulevard de la capitale. Et voilà comment, grâce à M. Octave Mirbeau, ce monument sera mis debout par un autre maître qui, lui aussi, se contente de « faire de la vie », M. Rodin. Et voilà comment enfin, avec une parfaite obligeance dont nous le remercions tous, M. Jules Claretie a exceptionnellement autorisé un des premiers artistes de la Comédie, M. de Féraudy, à jouer *la Parisienne* aux côtés de deux de ses grands camarades d'un autre théâtre : Mme Réjane et M. Antoine. Et l'on ne saurait trop féliciter M. Antoine d'avoir, pour la circonstance, remis à la scène ce petit chef-d'œuvre qu'on appelle *les Honnêtes femmes* et de l'avoir distribué à M. Signoret et à une de nos toutes premières comédiennes — une future Réjane — Mlle Jeanne Rolly.

* * *

Je voudrais, avant de terminer, vous donner une lettre vraiment exquise, signée de la parfaite interprète de *la Parisienne*. Cette lettre date de 1890 : la Comédie-Française venait alors d'annexer à son répertoire le chef-d'œuvre de Becque, et j'avais, comme la plupart de mes confrères, fait certaines réserves sur l'exécution du principal rôle :

Novembre 1890.

Ah ! malin ! Vous pensiez, en ne me nommant pas, éviter les quatre pages. Avec mes yeux, on sait lire entre les lignes : je prends donc pour moi les gentillesses anonymes de votre article d'hier.

Je crois, moi, qu'il ne faut pas tant creuser Clotilde ; il faut bien se pénétrer qu'on joue une bourgeoise ayant des instincts de fille et de fille inconsciente ; il faut y aller carrément en étant avant tout très vraie.

Ce qui adoucira le personnage, c'est une partie du texte. Avant tout, les rôles sont vrais, mais il faut les jouer comme cela. Becque n'a pas, je crois, mis tant de dessous à Clotilde... Tout ce qu'elle dit à Lafont, au premier acte, elle le lui dirait (à part le petit voyage, quel bijou !) si elle ne le trompait pas. Si elle était roublarde, elle conserverait Lafont en simulant, pour leur liaison, un intérêt qu'elle n'a plus, comme celui-ci le lui reproche. Car elle y tient, à Lafont. Ce n'est peut-être pas l'amant rêvé; c'est un meuble qui n'est ni très élégant ni très commode, mais sur lequel on a l'habitude de déposer en rentrant tout ce qui vous gêne.

Roublarde? Elle prendrait Simpson pour obtenir la place de receveur. Et l'auteur a soin de nous dire le con raire.

Rosse? Au moment de sortir, elle reste au moindre souci de son mari.

Non! Pas si rosse, pas si roublarde! Une créature suivant son instinct.

J'entends dire : il faudrait que la pièce fût jouée dans une fantaisie. Mais je suppose que Becque sauterait si on lui disait cela! Non, la vérité, la vérité! Dupuis dans Betzy!

Maintenant, c'est aux artistes à éclaircir le tableau. On peut être aimable en étant rosse; c'est même le meilleur moyen! Il n'en résulte pas pour cela que tous les gens aimables sont des rosses!...

Je n'en reviens pas... Quatre pages sur un rôle! Comme un vieux monsieur! Que je trouverais cela ridicule, mon bon ami, si je lisais cela d'une autre adressé à un autre! Mais cela m'amuse de jaser avec vous d'un art que j'adore et d'une pièce que je crois connaître un peu. Et puis, je ne vous vois jamais, et je trouve piquant de m'offrir pour trois sous la joie de vous raser à distance, car je vous connais : vous irez jusqu'au bout de ma lettre, et vous ferez bien, car c'est au bout que vous trouverez les fidèles amitiés de votre amie RÉJANE.

* * *

Et savez-vous, ma chère amie Réjane, ce que me répondit Becque lorsque je lui présentai ce billet?

— Il est impossible de mieux comprendre un rôle et d'en saisir plus délicatement les moindres nuances... Il faudra publier cette lettre un jour.

Et Becque ajouta en riant :

— Quand on m'élèvera une statue!

Voilà qui est fait, ma chère Réjane.

Juin 1904.

LA FILLEULE DE GEORGE SAND

La filleule de George Sand ! Blanche Barretta ! Victorine, Angélique, Rosine, Suzanne, Henriette ! Qui soupirera comme elle le « Il est déjà bien loin ! » du *Mariage de Figaro* ? Qui lancera aussi joliment qu'elle le « Je n'entends pas le grec » des *Femmes savantes* ? Une ingénue ? Non ! Une jeune première ? Parfois... Une amoureuse, une grande amoureuse du répertoire classique, toujours ! Avec quel art exquis elle posa ce personnage si complexe d'Henriette, le plus séduisant peut-être de tout le théâtre de Molière ! De quel trait sûr elle marqua l'allure fière, l'ironie gracieuse, l'indépendance courageuse de cette gentille petite personne contrainte de se débattre au milieu des pédants et des précieuses ! Comme on devinait la coquetterie imperceptible mais réelle qui se cache sous ce petit cœur et aussi cette touchante et très particulière tendresse pour son brave homme de père, le bon Chrysale ! Tout cela était de l'art, et du plus pur. Et quand, après le départ de Sophie Croizette, le joli rôle d'Adrienne de *l'Été de la Saint-Martin* resta sans titulaire, Meilhac n'eut-il pas cent fois raison de dire à Perrin, lequel jugeait la créatrice irremplaçable :

— N'hésitez pas ! L'artiste capable de nous donner une Henriette aussi parfaite ne peut manquer d'être l'Adrienne que nous rêvons, Halévy et moi. Croizette « en mettait trop »... Barretta « en mettra juste assez » !

Meilhac, sans s'en douter — il s'en doutait tout de même bien un peu — indiquait par là qu'Adrienne est une Henriette modernisée, poussée, exaspérée. Si Froufrou, et nul ne le conteste, voisine avec la Sylvia du *Jeu de l'amour*, Adrienne peut bien, ce me semble, donner la main à Henriette et à Rosine... Et voilà pourquoi l'artiste qui, comme Mme Barretta-Worms, a supérieurement nuancé l'Henriette de Molière et nous en a donné une exécution si franche et si large, devint le plus aisément du monde l'Adrienne de Meilhac et Halévy. Toutes ces amoureuses n'appartiennent-elles pas, en réalité, à la même famille?...

— Et puis, me disait un jour notre Henriette, si vous saviez comme il est facile de jouer un rôle moderne, lorsqu'on a passé par le répertoire classique !

*
* *

C'est bien, en effet, dans Henriette et non dans Victorine que Mme Barretta débuta à la Comédie-Française, de même qu'elle avait, pour la première fois, paru à l'Odéon sous les traits de la même Henriette. Victorine, Edmée, Madeleine Blanchet et Caroline de Saint-Geneix ne vinrent que beaucoup plus tard...

A-t-on d'ailleurs jamais su comment la filleule fit la connaissance de sa marraine? J'ai cherché, fouillé, dans la *Correspondance de George Sand* — la première, mon cher Félix Decori! — et je n'ai rien trouvé. Le plus simple était encore de demander à la filleule elle-même de me conter cette histoire.

— Mon histoire, fit Mme Barretta, mais je n'en ai pas! Le Conservatoire, l'Odéon, la Comédie, voilà toute ma vie d'artiste... Et celle-là est terminée! Il faut savoir bien mourir, surtout au théâtre, nous disait notre chère doyenne, Mme Madeleine!

Tout cela était soupiré avec une mélancolie souriante, du plus gracieux effet. Je savais bien que la filleule de la bonne dame de Nohant avait obtenu au Conservatoire un second prix de comédie et qu'elle avait été ensuite réclamée par M. Duquesnel, directeur de l'Odéon. Je savais qu'on travaillait alors beaucoup au second Théâtre-Français, et que la troupe comptait dans ses rangs Porel, Baillet, Truffier, Gil-Naza, Marais, Valbel, Clerh, Léonide Leblanc, Émilie Broisat, Hélène Petit, Thérèse Kolb, Clotilde Colas et bien d'autres excellents artistes... A *la Maîtresse légitime* succédaient *les Danicheff*; quant au répertoire classique, on lui réservait le vendredi. Je vois même encore l'affiche composée de *la Demoiselle à marier* — Blanche Barretta était cette demoiselle, — du *Tricorne enchanté* de Théophile Gautier, et du *Célibataire et l'Homme marié*. Ce spectacle, si j'ai bonne mémoire, obtenait auprès des habitués du vendredi (il n'y avait pas d'abonnés) un succès tel que Mme Barretta dut paraître plus de cent fois dans *la Demoiselle à marier*. Une centième de Scribe! Que les temps sont changés! On joue bien encore parfois *Adrienne Lecouvreur* et *Bataille de dames*, mais *Une Chaîne*, *le Verre d'eau*, *Valérie*, *Bertrand et Raton* ont à jamais, sans doute, disparu du répertoire. Les amateurs de tranches de vie ne donnent point de telles autorisations!...

— Cet Odéon-là, reprend Mme Worms-Barretta, était vraiment l'école préparatoire de la Comédie... Je dois beaucoup à M. Duquesnel, qui ne craignait pas de me faire jouer tous les soirs ; à Régnier, le meilleur des maîtres de diction et de style, et aussi à un vieil artiste bien oublié aujourd'hui, qui se nommait Bondois. Il fut le répétiteur d'Aimée Desclée et de plusieurs d'entre nous...

∴

Mme Barretta rendait grâce à son directeur, à son professeur, à son répétiteur, mais elle ne me contait toujours pas l'histoire de la marraine. J'insistai.

— Comment j'eus la joie de connaître Mme Sand? continue-t-elle. Eh bien, elle habitait, rue Gay-Lussac, cet appartement où, l'autre semaine, nous avons retrouvé nos pauvres amis Mounet-Sully et Paul Mounet. Elle venait souvent à l'Odéon, Mme Sand. Nous jouions une pièce de François Coppée, intitulée *le Petit Marquis*. Le duel Delpit-Borda, vous ne vous rappelez pas!... Mon rôle n'avait qu'une scène, mais une scène exquise que Berton avait bien voulu m'indiquer. L'effet dépassa toute attente et quand, joyeuse de cet inespéré succès, je regagnai le foyer des artistes, la première personne qui vint à moi fut une dame toute petite, toute ronde. C'était Mme Sand! Elle m'embrassa. Je fondis en larmes...

Mme Barretta ne dit pas George Sand : elle dit « Madame Sand... » Et il faut entendre la filleule, pleine de reconnaissance, prononcer le nom vénéré de sa bien-aimée marraine!

— Vous voyez que sans l'Odéon, sans *le Petit Marquis*, je ne l'aurais jamais connue, elle... Savez-vous un détail, un tout petit détail qui vous amusera? M. Duquesnel se préparait alors à reprendre *Mauprat*. Il m'avait distribué le rôle d'Edmée, mais il ne parvenait pas à trouver l'artiste qui pourrait jouer Bernard. Mme Sand, de son côté, cherchait un Bernard et ne dénichait pas le jeune premier. Elle consulta son fidèle ami M. Charles Edmond qui, après bien des recherches, lui donna le comédien rêvé. Il était alors en Russie : il y remportait les plus éclatants succès et y faisait tourner tous les cœurs. Cet oiseau rare s'appelait...

Et Mme Barretta-Worms esquisse un délicieux sourire et reprend :

— Il s'appelait Gustave Worms!... N'est-ce pas que tout cela c'était le commencement du bonheur?... Il n'a d'ailleurs jamais joué le rôle de Bernard.

— Mais Victorine?

— Le rôle de Victorine me faisait grand'peur. J'avais joué, à la Comédie, Henriette et j'étais entourée vous savez comme : Got faisait Trissotin ; Coquelin, Vadius ; Delaunay, Clitandre ; Thiron, Chrysale ; Mme Jouassain, Bélise; Mme Nathalie, Philaminte, et Dinah Félix, Martine... Qui donc allait me faire répéter Victorine? Mme Sand était malade, très malade... Songez qu'elle n'a jamais vu sa pièce à la Comédie !... Elle mourait quelques semaines après la reprise... Et puis, je redoutais tant ce rôle! On avait beau me répéter que Victorine est une amoureuse, une véritable amoureuse. Je devais pourtant constater, sur la brochure même, que la créatrice s'appelait Rose Chéri, la Rose Chéri du *Demi-Monde* et de *la Visite de noces*... Et j'en concluais que le rôle de Victorine doit rentrer dans la catégorie des jeunes premières dramatiques... Perrin me rassurait et les semainiers, qui dirigeaient tous, les uns après les autres, les répétitions du chef-d'œuvre, m'encourageaient. N'empêche que chaque jour, après la répétition, je me précipitais chez mon brave Bondois... Voilà ma troisième histoire! *Le Petit Marquis*, le Bernard de *Mauprat*, le Bondois de Victorine, cela ne vous suffit pas?... Vous n'allez pas exiger que je vous narre une quatrième aventure ! Je ne sais plus rien...

— Et Nohant ?

Mme Barretta hésite à répondre... Elle n'a, et elle le regrette profondément, connu Nohant qu'après la mort de George Sand. Elle y fit alors un pieux pèlerinage... La marraine l'y appelait sans cesse, mais la filleule ne pouvait se rendre libre : elle répétait tous les jours et jouait tous les soirs...

⁂

En écoutant Mme Worms-Barretta conter, de touchante manière, ses débuts à l'Odéon, sa rencontre avec George Sand, son voyage à Nohant, ses promenades à travers le Berri, je revoyais Victorine, l'idéale petite Victorine, qui fut tour à tour Diane de Xaintrailles et Caroline de Saint-Geneix du *Marquis de Villemer*, Madeleine du *Champi* et aurait pu être la Marie de *la Mare au Diable*... J'avais retrouvé la Victorine douce, tendre, mélancolique et, par-dessus tout, d'une inaltérable bonté...

La bonté, a-t-on dit et très justement dit, c'est un des mots qui reviennent toujours avec George Sand !... Et quelle est donc — Mme Barretta nous le prouve — la comédienne qui, lorsqu'elle a quitté le théâtre, ne conserve pas le parfum, le sourire et la poésie des personnages qu'elle a fait vivre sur la scène ?

Juillet 1904.

DOMAINE PUBLIC ET BILLETS D'AUTEURS

On dit, et je le crois volontiers, que M. Georges Ohnet est un excellent président de la Société des auteurs, très actif, très hardi, très décidé à faire respecter les droits de ses confrères et à lutter de toutes ses forces contre les trusteurs et leurs alliés. Me sera-t-il permis de lui présenter aujourd'hui, en toute indépendance, certaines observations, apparemment peu importantes, mais dont il tirera peut-être des conclusions pratiques ?

Je ne voudrais pas, et pour cause, insister sur la question soulevée ici même par notre ami Pierre Decourcelle : celle du domaine public.

Je me vois pourtant bien contraint de rappeler qu'il y a deux ans je demandai au président de la Société des auteurs pour quels motifs une représentation du *Misanthrope* aux Bouffes-du-Nord, ayant produit une recette de 2000 francs environ, subissait une retenue de 150 et quelques francs, autrement dit un pourcentage de 8 %. Le président me répondit que tous les théâtres de quartiers, ou du moins presque tous, avaient signé avec la Société un contrat obligeant leurs directeurs à verser chaque soir le douzième du montant de leurs recettes; il voulut bien me fournir sur ce mode de perception des explications qui me satisfirent d'autant mieux que, le lendemain, les organisateurs de la représentation du *Misanthrope*, représentation toute de bienfaisance, recevaient le remboursement intégral de la somme dûment prélevée.

Quand je dis dûment prélevée, il va de soi que c'est le règlement de la Société qui parle.

La vérité est que la perception des droits dépend non point de la pièce jouée, mais du théâtre où elle se joue et du traité passé avec ce théâtre... Le directeur des Nouveautés s'offrirait-il la fantaisie de représenter *le Médecin malgré lui* avec Noblet, Germain, Torin et Mlle Cassive ? Il serait soumis aux mêmes exigences que s'il continuait à jouer les jolis vaudevilles de Georges Feydeau.

A cela M. Pierre Decourcelle objecte, non sans quelque raison, qu'une telle règle est faite pour assurer le fonctionnement de la Caisse de retraites et de secours de la Société des auteurs. J'admets, en effet, que les droits de Molière, de Corneille et de Racine qui, suivant les lois de la propriété littéraire, n'appartiennent à personne, soient réclamés par les confrères de Molière, de Corneille et de Racine.

M. Decourcelle ajoute que la fâcheuse multiplicité des spectacles de bienfaisance oblige la Commission à prendre une mesure radicale et à imposer ces spectacles eux-mêmes.

Voilà encore une objection acceptable.

N'empêche que quand M. Georges Courteline, refusant de s'incliner devant un tel état de choses, s'écrie : « Qu'entend-on par ces deux mots : domaine public? Qu'on nous l'explique une fois pour toutes ! » nous sommes, et M. Decourcelle tout le premier, bien embarrassés pour lui répondre...

*
* *

Eh parbleu! l'auteur de *Boubouroche*, on le conçoit, est, plus encore que celui des *Deux Gosses*, l'adversaire déclaré de toutes les représentations prétendues extraordinaires. Son répertoire, composé de chefs-d'œuvre en un acte, faciles à monter et à jouer sur n'importe quelle estrade, fait le bonheur des *im-*

presarii de rencontre. Lisez plutôt cette circulaire lancée par M. Courteline :

CABINET
DE
M. COURTELINE
—

SERVICE
DES
ABANDONS DE DROITS
—
N° 1297

Paris, le 4 novembre 1902.

Monsieur,

En réponse à la lettre par laquelle vous voulez bien me demander l'abandon des droits me revenant sur la représentation du Client sérieux, *donnée le* 2 courant, à la salle Wagram, *j'ai l'honneur de vous informer qu'il m'est impossible, à mon grand regret, de donner suite à votre requête.*

Veuillez agréer, monsieur, mes salutations empressées.

Pour M. Courteline :

Le directeur du service des abandons de droits.

GRIAGOU.

Total des abandons de droits consentis par M. COURTELINE au 1er janvier 1901 : *Deux mille deux cent trente-neuf francs.*

Certifié exact,

L'agent dramatique :

G. ROGER.

M. Courteline a mille fois raison de protester contre de pareils abus et de montrer de façon si spirituelle et si lumineuse qu'il entend garder indemnes ses droits d'auteur...

Que cet exemple soit suivi par tous les dramaturges, rien de mieux ! La Société des auteurs porterait ainsi un coup droit aux directeurs de contrebande et en même temps elle réduirait le nombre de ces spectacles à bénéfices qui flattent l'amour-propre des intéressés et ne rapportent en réalité qu'aux huissiers. Mais que le directeur de théâtre de quartier ou de faubourg qui, s'inspirant des conseils de certains de nos confrères, jouera Corneille au lieu de d'Ennery et remplacera sur son affiche le nom de Labiche par celui de Molière, que celui-là, au moins, ne soit point soumis aux tarifs habituels !

Je me souviens qu'il y a quelques années un député dit à Eugène Bertrand, directeur de l'Opéra :

— Alors, quand vous jouez *Don Juan*, de Mozart, vous versez des droits d'auteurs? Mais Mozart est mort ! Mozart est tombé dans le domaine public !...

— Vous demanderez à mon associé, fit en souriant le doux Bertrand, peu soucieux de se compromettre. Ce que je vous affirme, c'est que l'on vend à la porte de l'Opéra des billets d'auteur de Mozart.

— Des billets d'auteur de Mozart ! reprit le député quelque peu surpris. Vous m'en montrerez un ?

On ne lui montra rien du tout, par la seule raison que l'observation, tombée le plus innocemment du monde de la bouche d'un honorable représentant du peuple, porta immédiatement fruit. N'y avait-il pas, vraiment, quelque chose d'anormal dans cette distribution régulière des billets de l'auteur de *Don Juan* ?

*
* *

Billets d'auteurs ! La question n'est pas moins intéressante que celle du domaine public.

Aujourd'hui, c'est le marchand de billets qui dirige cet important service des places d'auteurs.

Dirai-je que l'avisé commerçant fait fortune à ce métier et rappellerai-je les noms illustres des Porcher, des Fournier, des Havez, des Planchet qui se décernaient le titre de banquiers de théâtre ? Je ne connus ni Fournier, ni Porcher, ni Planchet, mais je reçus plus d'une fois les doléances d'Émile Havez. C'était, à la vérité, un fort aimable homme s'ingéniant à rendre service, et quand, il y a une dizaine d'années, très ému par une petite révolution qui venait de s'opérer dans la vente des billets de claque, il me dit, les larmes aux yeux : « Ma carrière est brisée ! » j'eus la sensation très nette que le marchand de billets était un homme bien plus considérable encore que je ne le supposais. Je m'explique.

Vous flânez le soir sur le boulevard ; vous vous arrêtez devant un théâtre : aussitôt un homme vous accoste et tout bas, mystérieusement, vous souffle ces mots : « Moins cher qu'au bureau ! » Eh bien ! cet homme, c'est le délégué du banquier de théâtre, c'est le commis du marchand ; il vous offre un billet d'auteur. Si ce même délégué, prenant un air moins grave, vous dit aimablement : « Un fauteuil, un excellent fauteuil ! » et vous invite à passer chez le cafetier du coin, c'est que le théâtre tient un succès, c'est que la location est assurée : l'excellent fauteuil est alors vendu quinze, vingt ou trente francs au lieu de dix.

La combinaison, on le voit, est d'une simplicité rare. L'auteur a droit, chaque soir, à 200 ou 300 francs de billets, selon l'importance du théâtre, mais, à la suite d'une convention, il reçoit du marchand 50 % sur cette somme et n'a plus à s'occuper de rien.

Un tel système a ses avantages, car il arrive que, dans certains petits théâtres, les billets confiés aux marchands rapportent plus à l'auteur que les droits perçus sur la recette. Mais c'est là l'exception.

Et je demande alors s'il ne vaudrait pas mieux relever proportionnellement le tarif des droits et abandonner aux directeurs les 200 ou 300 francs de billets, quitte à les inviter à verser sur la recette 11 % au lieu de 10.

Quand j'entends nos écrivains de théâtre pester contre les répétitions générales, la cherté du prix des places et proclamer que les billets de faveur les ruinent, je ne puis m'empêcher de constater que les intérêts du public — du public qui paye — ne sont peut-être pas toujours suffisamment sauvegardés. Il est incontestable qu'aujourd'hui un spectateur ne voit une pièce à succès que s'il consent à passer par les fourches caudines du marchand. Ne convient-il pas, au contraire, de tenter, par tous les moyens possibles, de supprimer cet intermédiaire, et ne doit-on pas reconnaître que la vente autorisée des billets d'auteurs facilite singulièrement de tels trafics ?

Le jour où, débarrassé des billets d'auteurs et des billets de claque, le spectateur saura qu'un fauteuil coté 10 francs coûte réellement 10 francs et que tout marchandage est devenu impossible, ce jour-là, par la force même des choses, le prix des places dans les théâtres se trouvera diminué...

J'ajoute que, de tous les services que peut rendre le distingué président de la Société des auteurs, celui-là est sans contredit le plus important.

Juillet 1904.

PREMIER PRIX DU CONSERVATOIRE

Il faudra bien que quelque jour le distingué écrivain de *Famille*, M. Auguste Germain (souvenez-vous de cette charmante comédie jouée par M. Noblet, Mlles Darlaud et Demarsy et M. Torin, celui-ci dessinant un extraordinaire rôle de potache), tire un ouvrage dramatique de son nouveau roman *Premier Prix du Conservatoire* et fasse à sa gracieuse héroïne Mariette Charny les honneurs de la scène.

Si même j'avais un conseil à donner à un impresario parisien assez hardi pour ne pas fermer les portes de son théâtre durant l'été, je l'engagerais à inscrire à son programme : *Premier Prix du Conservatoire* ; d'avance je lui prédis de superbes gains... Non ! il ne sait pas, cet impresario qui aujourd'hui se lamente sur les rigueurs du thermomètre, il ne sait pas l'action magique que ces quatre mots — *Premier Prix du Conservatoire* — exercent sur nos Parisiens et nos visiteurs. Il ne se doute pas, le malheureux, qui voit ses recettes osciller entre 100 ou 200 francs — plus que le minimum ! se serait naguère écrié Victor Koning — que le maudit thermomètre n'est pas seul rendu responsable d'un tel état de choses.

Le coupable, à mon sens, c'est le directeur lui-même qui, comptant sur le fameux bouleversement des saisons, calcule que, depuis dix années, — je n'exagère pas ! — tous les théâtres restés ouverts en juillet et en août ont réalisé de fort appréciables bénéfices. Ce coupable invoquant les statistiques — oh ! les statistiques de théâtre ! — en conclut qu'une pièce créée en janvier peut impunément s'éterniser sur l'affiche sans que le public — bon public ! — s'aperçoive des changements de distributions : car vous n'ignorez pas que les créateurs se promènent les uns en tournée, les autres dans leurs villas.

*
* *

Eh bien ! non ! les directeurs qui veulent — et je les en loue — revenir aux anciennes coutumes et exploiter leurs théâtres du 1er janvier au 31 décembre, doivent constater, par l'expérience et non par les statistiques, que les pièces d'été et les troupes d'été sont

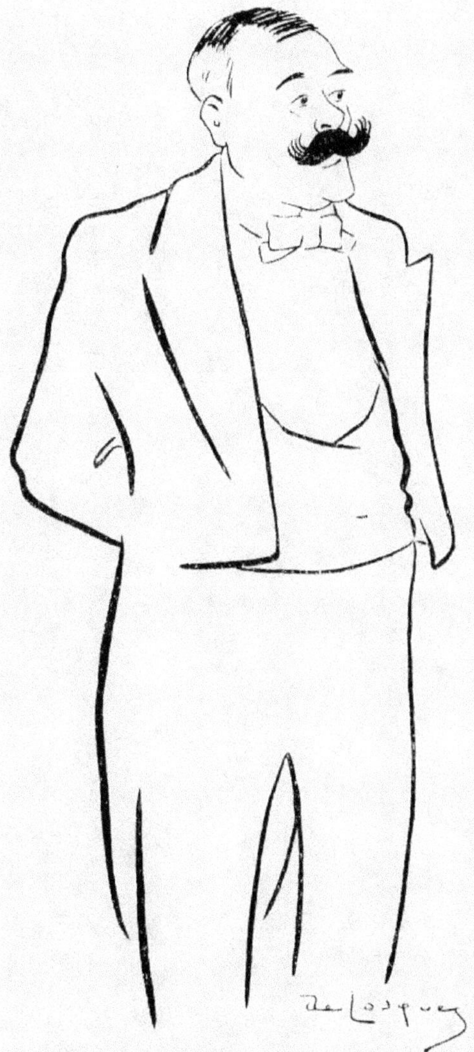

M. Auguste Germain.

de vains mots. On cite, et on cite avec raison, l'exemple du *Prince d'Aurec*, qu'Albert Carré donna au Vaudeville le 1er juin ; on rappelle, très justement encore, que *le Procès Veauradieux* fut, en ce même théâtre, représenté en plein été, et les *Annales du Théâtre et de la Musique*, de notre ami Edmond Stoullig, attestent que le thermomètre n'empêcha pas la direction du Vaudeville de réaliser, ici et là, de formidables recettes. La première représentation d'*Œdipe roi* à la Comédie-Française n'eut-elle donc pas lieu en août ?

Oh! je prévois les objections du pauvre directeur. Les mœurs théâtrales changent, les tournées bouleversent tout : les pièces ont vingt représentations ou se jouent deux années de suite; les demi-succès n'existent plus !... Mais c'est précisément parce que les tournées portent un tres sérieux préjudice aux scènes régulières, c'est parce que les provinciaux et les étrangers applaudissent si facilement et si rapidement nos pièces chez eux, c'est parce que ces maux s'aggravent chaque jour que le directeur doit, si j'ose dire, refaire un public d'été. Or, il ne le refera, il ne le ramènera et il ne lui redonnera le goût du théâtre que s'il prend la peine de monter des ouvrages nouveaux et d'en confier l'interprétation non pas à des doublures ou à des triplures, mais à de solides artistes qui, au lieu d'aller courir la province ou l'étranger, seront ravis de créer de beaux rôles à Paris. Est-ce que d'autres statistiques, consolantes celles-là, ne nous indiquent pas qu'après les distributions de prix, soit dès le 1er août, les lauréats, escortés de toute leur famille, accourent de tous les coins de la province avec un enthousiasme grandissant chaque année? Est-ce que, tandis que nous aggravons, nous autres Parisiens, nos infirmités dans les villes d'eaux, les Russes et les Anglais, les Italiens et les Allemands désertent notre capitale? Est-ce que les recettes encaissées par l'Opéra pendant les mois des vacances ne donnent pas à ce sujet une indication très nette, et ne suffit-il pas de s'installer à l'amphithéâtre ou à l'orchestre de notre Académie de musique pour reconnaître que jamais le public d'été ne se montra plus fidèle? Bref, tout compte fait, la situation n'est pas si alarmante que la dépeignent nos impresarji parisiens. Le meilleur moyen de reconquérir ce public d'été, c'est encore de lui offrir de véritables pièces et des interprètes dignes d'elles.

* * *

Premier Prix du Conservatoire suggère encore d'autres réflexions. Certes il était naturel que l'auteur de ces pittoresques *Théâtreuses* et de ces séduisants *Avant-concours* nous marquât d'un trait précis tout ce petit monde. Mais ce dont il faut surtout savoir gré à M. Auguste Germain, c'est d'avoir cherché et d'avoir réussi à nous faire comprendre que ce monde, si fragile, tient lui-même, au milieu des théâtreuses et des théâtreurs (excusez ce barbarisme), une place spéciale.

Je me souviens qu'un jour de concours, il y a une quinzaine d'années, M. Jules Lemaître, qui faisait alors partie du jury de comédie, lança ces mots à ses graves collègues étonnés :

— L'âme de Delobelle est partout dans cette salle !

L'âme de Delobelle! Rien de plus juste. M. Jules Lemaître expliquait ainsi — et je cite ses propres termes — que le théâtre reste le plus artificiel des genres et que cette impression même d'artifice est redoublée par ce je ne sais quoi d'excessif et de convenu, qu'on voit déjà profondément empreint dans les traits, dans les mouvements, dans toute l'allure de ces jeunes hommes et de ces futures théâtreuses. Oui! vous retrouverez dans ce public du Conservatoire, composé surtout d'acteurs et d'actrices, ces mêmes excès de mimique que sur la scène, la même exagération dans l'expression des sentiments... Et quand les prix auront été proclamés devant cette foule pleine d'angoisse, quand la mère, qui espérait pour Mariette Charny le premier prix de M. Auguste Germain, se sera laissée choir à la façon d'une Mme Cardinal de M. Halévy ; quand acteurs et spectateurs, tous comédiens au fond, auront manifesté leur opinion avec une exagération et un grossissement que commande cette conventionnelle et indispensable optique théâtrale ; quand vous-même vous rassemblerez vos impressions, vous constaterez que l'âme de Delobelle était bien là, vivante au milieu de vous, pendant ces journées de rêve ; vous excuserez ces braves gens en vous disant que pour eux la vie c'est le théâtre, c'est la cour, c'est le jardin, c'est l'illusion, c'est la rampe même, et vous confesserez enfin que, comme on l'a si justement dit, la méchanceté vraie est ici plus rare qu'ailleurs, par la seule raison que tous y sont dupes de leurs propres mensonges...

Monde du théâtre, âme de Delobelle! Le mot reste d'une navrante et effrayante vérité, et c'est cette âme naïve, sincère et tendre, que M. Auguste Germain a, une fois encore, rajeunie dans son *Premier Prix du Conservatoire*.

⁂

Vous savez aussi que la question des premiers prix du Conservatoire, examinée sous une autre forme, provoque chaque année d'interminables discussions.

Certains critiques, animés d'intentions excellentes et rendant pleine justice à notre École de musique et de déclamation, déclarent, après avoir consulté les palmarès, que les premières récompenses vont parfois à des jeunes gens qui ne justifient que fort médiocrement au théâtre les espérances fondées par le jury de l'École... Sur la longue liste des premiers prix d'opéra et de tragédie, de chant et de comédie, ils s'étonnent de trouver les noms d'illustres inconnus, et ils ne manquent pas de rappeler que Mmes Rose Caron et Bartet obtinrent de modestes accessits; que Mme Réjane, M. Coquelin aîné, M. et Mme Worms gagnèrent des seconds prix, et que nos grands tragédiens, Mme Sarah-Bernhardt et

M. Mounet-Sully, ne furent pas beaucoup plus heureux que leurs camarades.

Il semble facile d'établir la contre-partie et d'objecter que Mmes Suzanne Reichenberg, Jeanne Samary, Weber, Jeanne Ludwig, Marthe Brandès, Marsy, Rosa Brück, Moreno, Piérat, MM. de Féraudy, Le Bargy, Albert Lambert fils, Lucien Guitry, Georges Berr, Brunot, ont tous obtenu, sans ombre de discussion et le plus brillamment du monde, la première récompense. Voilà pour la déclamation. Si l'on passe au chant, on remarque que Mmes Lucienne Bréval, Aïno Ackté, M. Delmas, trois premiers lauréats, gardèrent, au théâtre comme à l'école, la première place. Et je ne cite ici, n'ayant point sous la main le palmarès révélateur, que les étoiles, hommes et femmes, de toute première grandeur.

La proportion, on le voit, reste en somme acceptable, et si beaucoup de seconds et de troisièmes lauréats se montrèrent à la scène très supérieurs à ce qu'ils avaient été à l'école, en revanche de bons élèves tinrent largement leurs promesses et devinrent de remarquables comédiens.

La vérité, c'est qu'ici, comme partout, l'élève ne profite des leçons reçues que lorsqu'il a quitté l'école. Mais il est trop tard aujourd'hui pour aborder cet autre point de la question. Remettons ce plaisir à un autre jour, et remercions l'auteur de *Premier Prix du Conservatoire* de nous avoir permis de telles digressions...

Août 1904.

APRÈS LES CONCOURS

Oui, mon cher Basset, vous avez raison de nous donner l'opinion autorisée de nos professeurs de déclamation sur le Conservatoire ; oui, mon cher Quisait, nous vous savons gré de demander aux critiques, aux jurés, aux comédiens et même aux fonctionnaires, s'il n'y aurait pas un moyen pratique de transporter la « représentation finale » du Conservatoire sur un théâtre plus commode ; oui, mon cher Auguste Germain, je reste des vôtres et vous remercie de constater, avec tant d'indulgente amitié, que je n'oublie pas les heureuses années de critique militante où nous combattions pour la bonne cause contre les marchands en dramaturgie et leurs puissants associés, les redoutables marchands de billets.

Je voudrais donc aujourd'hui répondre en pleine liberté aux questions que vous voulez bien me poser.

Pour ce qui est des classes instrumentales, nous

sommes tous d'accord. Le distingué critique musical du *Figaro*, M. Gabriel Fauré, l'écrivait hier à cette place : on peut dire de ces classes qu'elles sont l'orgueil de notre Conservatoire, qu'elles font le plus grand honneur à M. Théodore Dubois et constituent une supériorité nationale devant laquelle le monde musical de tous les pays s'incline...

Et cela, voyez-vous, on le sait, mais on ne le dit pas assez.

Quand, il y a quatre ans, je visitai les théâtres et les écoles dramatiques et musicales d'Allemagne et d'Autriche, quand je consultai les intendants et les kappelmeisters des capitales de l'étranger, j'eus la douce satisfaction de remarquer que, partout, on rendait le plus éclatant hommage à notre enseignement de théâtre, à notre production dramatique, et qu'en fin de compte nos voisins nous prenaient comme de vrais modèles. Que ne m'avait-on conté sur les fameux *Volkstheater*, sur les spectacles populaires, sur les représentations à prix réduits !

— Des spectacles gratuits, jamais, ni à Vienne ni à Berlin, me disait un des plus illustres intendants de théâtre. Voilà deux mots qu'il faut rayer de notre vocabulaire. Quant aux *Volkstheater*, ce sont, en réalité, ce que vous appelez les *petits théâtres* ; nous les nommons *théâtres populaires* et nous laissons entendre de la sorte que nous y jouons des œuvres classiques... Point du tout! Les impresarii de ces scènes prétendues populaires y donnent des vaudevilles, des drames, des opérettes, des féeries, autrement dit des pièces qui leur semblent devoir attirer le public et réaliser de grosses recettes. J'ai parcouru tous les théâtres de Paris, j'ai assisté à certaines classes de votre Conservatoire et je reconnais ici et là votre supériorité : elle ne peut faire de doute pour personne. Nos théâtres, vous le savez, sont plus spacieux, mieux aménagés que les vôtres et ressemblent plutôt à de grandes écoles du soir qu'à des lieux de plaisir... Mais c'est là une bien petite victoire qui n'a qu'un très vague rapport avec l'art!

*
* *

Vous l'avouerai-je? Ces paroles, que je traduis de mon mieux, me reviennent à la mémoire, lorsqu'après les concours je prends connaissance des mélancoliques réclamations qui pleuvent de toutes parts. Celui-ci, que la chaleur fatigue, voudrait que les concurrents admis à l'épreuve publique fussent moins nombreux; celui-là, avocat des comédiens et des chanteurs, se plaint de ce que les professionnels n'aient pas une place assez importante dans les jurys; un autre réclame, non sans quelque raison d'ailleurs, l'interdiction des scènes modernes ; tous, enfin, exigent que le concours final ait lieu à l'Opéra-Comique ou à l'Odéon.

Cette année, le thermomètre ayant dépassé la normale, c'est la question de la salle qui fait l'objet de la discussion. L'aimable Quisait a consulté les oracles et veut bien me compter parmi eux. Je lui ai adressé une réponse sommaire qui exige quelques explications.

J'ai naguère, je ne le nie pas, violemment pesté contre la petite salle du Conservatoire et j'ai souvent encouru, après mon article annuel, les reproches de mon cher ami Émile Réty, qui exerça si longtemps, avec tant d'intelligence, les fonctions de secrétaire général et a trouvé en Fernand Bourgeat un successeur digne de lui. Émile Réty objectait que le Conservatoire est une école de théâtre, que les élèves ne sont pas encore des comédiens et que c'est sur la scène scolaire et non sur un théâtre qu'ils doivent, à l'examen final, se présenter au public. Il pensait que ces jeunes gens, habitués à travailler et à répéter au Conservatoire, seraient décontenancés, dépaysés et, en quelque sorte, perdus sur une scène plus vaste que celle de l'École.

Ces arguments, il faut le reconnaître, ont leur valeur.

Certes, il est légitime de tenir compte des doléances de la critique et des observations du public du Conservatoire, de ce même public qui, remarquez-le, sans se douter des risques qu'il court, s'entasse si souvent dans certaines salles de cafés-concerts, autrement périlleuses que celle de la rue du Faubourg-Poissonnière.

Mais ne vous semble-t-il pas que c'est l'intérêt de l'élève qui doit tout d'abord être attentivement examiné? L'élève a chaud, plus chaud que le malheureux spectateur; l'élève a peur, l'élève concourt dans de mauvaises conditions, nul ne le conteste. Mais ces conditions deviendraient-elles parfaites dans un théâtre que l'élève ne connaît pas, sur une scène où il ne s'est jamais essayé ?

Oh! je n'ignore pas qu'on porterait au mal un remède immédiat en invitant professeurs et élèves à faire des répétitions préliminaires sur la scène choisie. Mais qui donc affirmera que les critiques, les auditeurs et les professeurs, le jour où on leur donnera satisfaction, ne se lamenteront pas sur la disparition du pauvre petit théâtre du Conservatoire et ne jetteront pas un tendre regard en arrière, un regard bien excusable après tout? Pensez que c'est en ce petit théâtre que nous vîmes défiler les plus glorieux de nos artistes, que c'est là qu'ils apprirent l'alphabet du théâtre et conquirent leurs premiers galons !...

— J'ai voté, écrivait l'autre jour notre ami et éminent collaborateur M. Henry Roujon, la mort du Grand Concours, mais j'ai tout de même sur la conscience quelque chose qui ressemble à un remords.

Et j'en dis de même, pour ma part, de la salle du Conservatoire.

* * *

On voudrait aussi que les concours, particulièrement ceux de comédie, fussent moins longs et que le jury, se montrant plus sévère à l'examen de juin, fît une sélection lorsqu'il établit la liste des concurrents dignes de subir l'épreuve publique.

Peut-être vaudrait-il mieux dédoubler les concours et réserver un jour à la tragédie et un autre jour — le matin et l'après-midi — à la comédie. Mais pourquoi aller refuser à un élève ayant suivi régulièrement ses classes et n'ayant pas démérité, le droit de paraître devant le public? Pourquoi ne pas user ici de la plus large clémence? Combien de fois un jeune homme, terrifié par les douze jurés réunis autour de la table verte, s'échauffe, se métamorphose et prend une complète revanche devant le public! La rampe, toujours la fameuse rampe! On rappelait, à ce propos, qu'un des meilleurs artistes de la jeune Comédie-Française, M. Dessonnes, faillit ne pas être admis au concours final sous prétexte qu'il avait passé en juin un mauvais examen. Son professeur, M. Worms, insista, obtint gain de cause auprès du jury et, à l'examen de juillet, l'élève Dessonnes gagna le premier prix à l'unanimité.

Voyez d'autre part ce qui se passe aujourd'hui.

Depuis deux ans, on nous vante, et on a raison de nous vanter, la beauté, le talent de cette charmante Mlle Ventura. Étant étrangère, elle ne peut concourir après sa première année d'études; impatiemment, elle attend le grand jour ; elle tire au sort : un malheureux hasard veut qu'elle soit appelée à lever le rideau, à neuf heures du matin! Elle entre en scène, elle trouve la salle à moitié vide, elle perd courage : sa diction semble molle, son geste étriqué, son jeu sec ; elle ne reprend possession d'elle-même, elle ne retrouve ses admirables qualités que deux heures après, dans une courte réplique.

... Tandis que la grande favorite perd la première récompense, une jeune fille, hier inconnue, dont le public ne soupçonnait pas l'existence, Mlle Sergine, gagne tous les suffrages en jouant, disant et nuançant avec un art consommé une scène des *Erinnyes*... Et dans quelques années — ceci pour répondre aux confrères qui voudraient qu'on limitât le nombre des concurrents — les *Annales du Conservatoire* attesteront que cette triomphante lauréate du concours de tragédie de 1904, premier prix à l'unanimité, fut, comme jadis son camarade Dessonnes, *repêchée* à l'examen de juin!

Alors? Faut-il donc toujours le maudire, cet horrible jury, et sa bienveillance a-t-elle des effets si malfaisants?

Ce qu'il convient de dire et de redire, c'est qu'on se préoccupe trop des commodités du public et pas assez des intérêts de l'élève, et voilà pourquoi je me demande si, en agrandissant ces exercices publics de fin d'année, si, en les transformant en de véritables répétitions générales, on ne dénature pas le but même de notre École de musique et de déclamation, et si, en substituant le Tout-Paris, qui est une ville, au Tout-Conservatoire, qui n'est qu'un village, on ne lui enlève pas son caractère scolaire.

— Il y a deux institutions théâtrales, répétait Dumas, qui tiennent encore debout : la Comédie-Française et le Conservatoire. Le public les respecte ; le public y croit et nos artistes plus encore. Aussi ne faut-il y toucher qu'avec une extrême prudence...

Il n'est pas mauvais que, de temps à autre — une fois n'est pas coutume ! — nous nous souvenions des conseils de nos anciens...

Août 1904.

LA MAISON DE COQUELIN

La Maison de Coquelin !... En écrivant ces mots, je ne puis m'empêcher de songer qu'il y a une vingtaine d'années, et peut-être même davantage, je commis un virulent article intitulé « la Maison de Coquelin »...

Perrin dirigeait alors la Comédie-Française, et nos sociétaires ne s'entendaient pas toujours avec leur chef ; mais comme les années se soldaient par d'extraordinaires bénéfices et des partages de parts jusqu'alors inconnus, la réconciliation officielle s'opérait le 31 décembre, jour de l'assemblée générale, où Perrin se voyait proclamé le premier directeur du monde. Le procès-verbal était adressé au ministre qui l'approuvait des deux mains, en dépit des pressantes observations du rapporteur du budget, lequel, invoquant le décret moscovite, constatait que les vingt-quatre parts obligatoires ne se divisaient pas de façon assez régulière... Chaque dimanche l'Oncle administrait une volée de bois vert à Perrin, au ministre, au rapporteur du budget, aux sociétaires du Comité... Perrin, il convient de lui rendre cette justice, ne tenait pas le moindre compte des observations, qu'elles vinssent de l'Oncle, du rapporteur ou du ministre. J'ai même ouï dire que lorsqu'il était mandé rue de Grenelle, au cabinet ministériel, il y déléguait volontiers son secrétaire général, le bon Verteuil, ou, à défaut de Verteuil, son caissier Provost, un des fils du célèbre comédien.

— Que voulez-vous? fit un jour Perrin à Jules Ferry lui-même, grand maître de l'Université... Je ne puis vraiment me rendre à votre appel et je m'en excuse! Mais quand on me parle chiffres, je m'embrouille!...

— Ça ne se voit pas à la fin de l'année! reprit le ministre.

Coquelin, qui siégeait au Comité entre Got, Delaunay et Maubant, ses doyens, et Febvre, Worms et Mounet-Sully, ses cadets, s'inquiétait peu des questions d'argent qui se dénouaient toujours à l'entière satisfaction des intéressés; mais il reprochait à Perrin de montrer une tendresse excessive pour la comédie moderne et de ne pas faire une place assez large aux poètes ; il n'oubliait pas que Perrin, avec

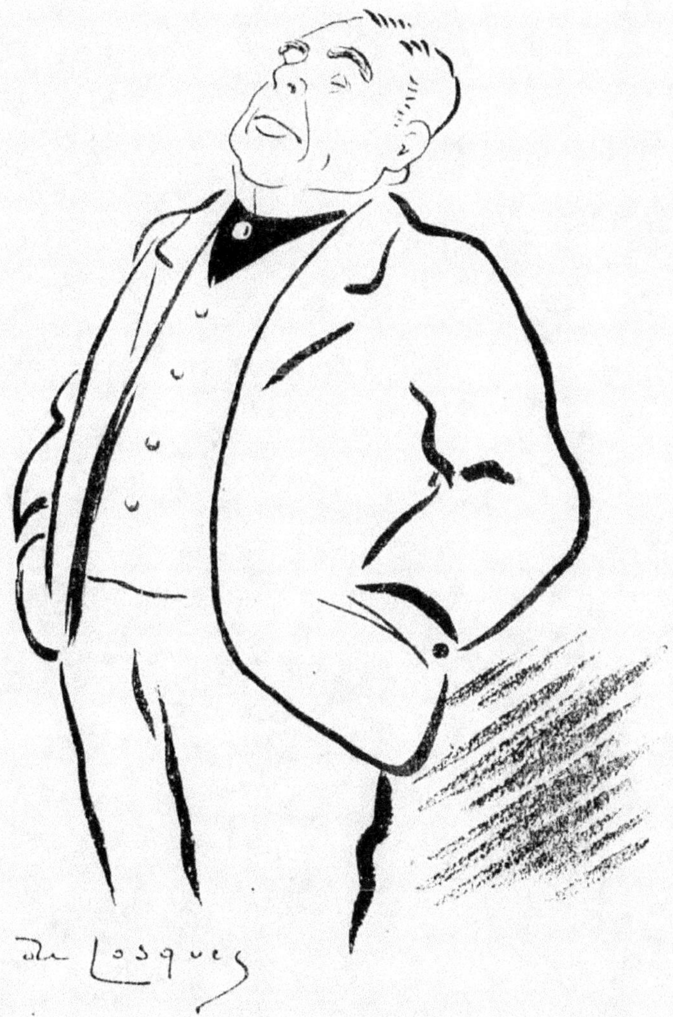

M. Coquelin aîné.

une obstination coupable, avait fermé les portes de la Comédie à l'un des plus rayonnants chefs-d'œuvre du théâtre contemporain, *l'Arlésienne*... Et peut-être même que demain, lorsqu'il se fera acclamer au théâtre antique d'Orange dans le superbe rôle de Balthazar, le grand comédien pensera encore, mais sans rancune cette fois, à son ancien administrateur.

La vérité, Henry Fouquier la jeta dans cette belle préface à l'un des volumes des *Annales du Théâtre et de la Musique*; la vérité, c'est que le Théâtre-Français était devenu peu à peu la *Maison de Perrin* : l'administrateur était sacré, personne n'osait y toucher, et tous les ministres, les uns après les autres, le laissaient faire. Nous disions, nous les jeunes d'alors, la Maison de Coquelin, et il ne nous en coûte rien de confesser aujourd'hui que nous avions grandement tort. Nous l'accusions de jeter à la Comédie le trouble, le désordre, voire l'anarchie, en jouant à l'étranger le répertoire. Nous ne comprenions pas qu'un artiste de cette trempe doit tenir à honneur de faire connaître dans tous les coins du monde Molière et Beaumarchais, Marivaux et Regnard; nous ne comprenions pas que, suivant le mot de Weiss, le seul moyen de populariser et de vulgariser nos génies, c'est d'aller porter là-bas, bien loin, des rayons de France!..

Rayons de France, je reprends le mot. N'explique-t-il pas le but même de ces voyages à travers l'Europe et l'Amérique, et ne sentez-vous pas que ces promenades classiques, dirigées par un maître comédien entouré de partenaires dignes de lui, n'ont rien à voir avec ces tournées bâtardes qui ne servent qu'à discréditer nos dramaturges?... Oui, il faut savoir gré à Coquelin d'avoir fait connaître et aimer nos chefs-d'œuvre classiques et modernes, *les Précieuses* et *Tartuffe*, *Poirier* et *Gringoire*, *Cyrano* et *l'Aiglon*; il faut le remercier de donner ainsi aux provinciaux et aux étrangers de passage à Paris le désir de revoir les pièces qu'ils ont applaudies chez eux, dans leurs théâtres respectifs!.. Vous comprenez que j'effleure ici un sujet qui, pour m'être particulièrement cher, n'en est pas moins déjà rebattu, alors que je me proposais de vous décrire aujourd'hui ce qu'est la *Maison de Coquelin*, non point celle d'autrefois, non point celle du sociétaire de Perrin, mais celle du président de l'Association des artistes dramatiques français.

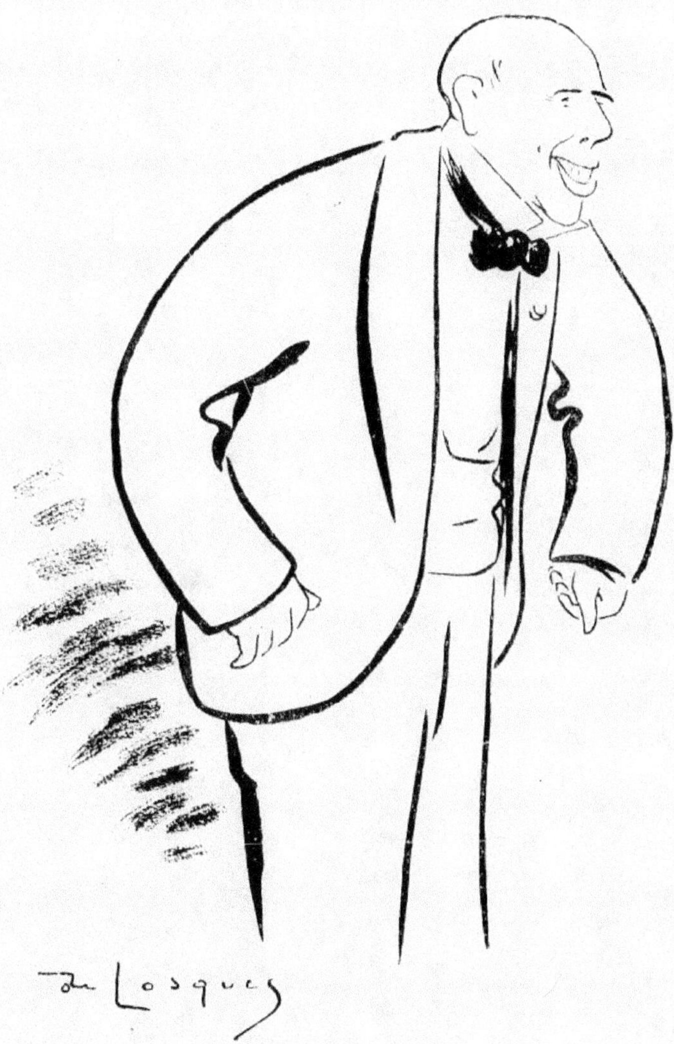

M. Coquelin cadet.

⁂

Oui ! c'est la Maison de Coquelin qu'il faudra l'appeler, car elle est bien la chose de Coquelin ; elle est bien son œuvre et elle restera, qu'il me permette de le lui affirmer, entre tant d'inoubliables créations, la plus belle de toutes.

Que ne nous avait-on dit sur cette maison ! On nous avait conté qu'elle avait été mise sur pied en quelques mois, que les soixante lits étaient prêts, aménagés, et qu'en fin de compte Coquelin avait réalisé là un stupéfiant tour de force.

Il faut bien que je l'avoue : toutes nos espérances ont été dépassées. J'ai visité beaucoup de nos grandes écoles de province ; j'ai parcouru ces fameux théâtres de l'étranger, ces *Volkstheater* dont je vous parlais récemment, qu'on nous présente sans cesse comme d'absolus modèles ; j'ai vu cette délicieuse petite scène de Berndorf, que le sénateur Krupp fit construire pour ses ouvriers, qui fut inaugurée il y a cinq ans sous la présidence de l'empereur d'Autriche, et qui semblait jusqu'ici réaliser l'idéal de la perfection.

Eh bien ! je le déclare aujourd'hui en toute franchise : Coquelin a fait mieux, et ce mieux tient du prodige. Déjà, surmontant toutes les difficultés, mettant à bas tous les obstacles, dissipant tous les malentendus, il a, grâce à une loterie merveilleusement combinée, réalisé un rêve qu'on croyait irréalisable : comprenant que les comédiennes ont droit à plus de pitié que les comédiens, il a voulu que la retraite de la femme de théâtre fût assurée plus tôt et dans des conditions meilleures ; le projet que ses prédécesseurs Halanzier, Ritt et Bertrand ne purent mettre en train, il l'a exécuté.

... Voilà qu'aujourd'hui, cette première victoire gagnée, il en remporte une seconde, peut-être encore plus décisive que la première. Il regarde autour de lui et il considère ces braves gens que rien ne décourage, qui vinrent sur cette terre, apportant comme capital un peu d'amour et beaucoup de jeunesse, qui dépensèrent ce capital dont ils ne surent pas l'importance, et qui, allant où le hasard les mène, ne savent trop souvent où trouver une retraite et où mourir... Les comédiens qui ne possédaient jadis comme hôpital que leur café — pauvre café de Suède ! — auront maintenant, à Pont-aux-Dames, un grand coin pour continuer à vivre et à rêver...

* *

Le grand coin est fait, la maison est debout au milieu d'un pays exquis, en Seine-et-Marne : jardins et parcs, vergers et potagers, rivières et pêches à la ligne ; voilà la paix, voilà la fin de vie assurée pour ces imprévoyants de l'avenir !...

Lorsqu'il y a une quinzaine de jours, Coquelin, entouré de son frère et de ses plus dévoués camarades, de Péricaud et de Bouyer, de Victor Regnard et de Guyon, nous faisait avec tant de bonne grâce les honneurs de sa maison de Pont-aux-Dames, un nom honoré, respecté, aimé, voltigeait sur toutes les lèvres des assistants : celui de M. Waldeck-Rousseau.

C'était en effet M. Waldeck-Rousseau qui, l'an dernier, à pareille époque, posait la première pierre de cette maison !.. C'était lui qui, sans apprêt, sans manière, avec une simplicité admirable, indiquait comment les pouvoirs publics auront le devoir d'encourager et d'alimenter, de faire vivre et prospérer une œuvre qu'il jugeait utile et grande...

Utile et grande, disait le grand disparu... De tous les éloges qui vous ont été décernés, voilà, je le sais, mon cher Coquelin, celui qui vous a été le plus au cœur et doit vous donner pleine confiance en l'avenir.

Août 1904.

RÉPONSES

Je ne voudrais faire à mon aimable confrère La Rampe nulle peine même légère (il constatera que je sais ses classiques), mais les observations qu'il m'adresse dans *le Petit Journal* ne me paraissent point justifiées.

Tout d'abord, mon cher La Rampe, autorisez une rectification. On m'a demandé, comme à beaucoup d'autres, si je trouvais la salle du Conservatoire assez commode pour que les concours de fin d'année y fussent maintenus... Je répondis que le théâtre de la rue du Faubourg-Poissonnière ne valait, selon moi, ni plus ni moins que la plupart des petits concerts où le public s'étouffe tous les soirs, sans se douter des dangers qu'il y risque. J'ajoutai que le Conservatoire restant, jusqu'à preuve du contraire, une école de musique et de déclamation, il ne fallait, sous aucun prétexte, lui enlever son caractère scolaire.

Toutefois, désireux de ne pas jeter une note discor-

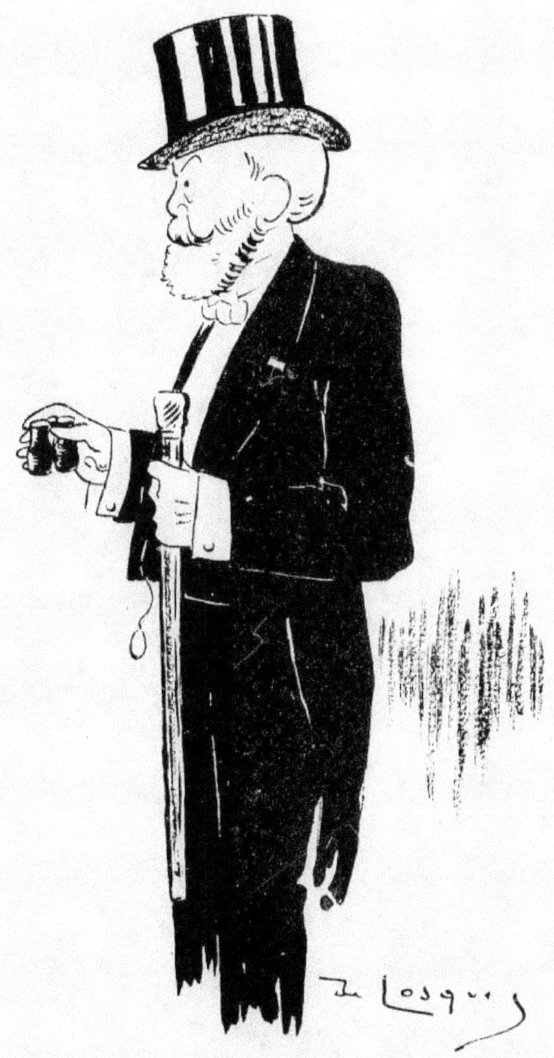

M. Boyer (*La Rampe*).

dante en ce débat, j'indiquai un moyen permettant de concilier les intérêts des élèves et ceux des spectateurs et j'exprimai le vœu que les élèves, accoutumés à travailler sur les petites scènes du Conservatoire, fussent invités, durant plusieurs semaines, à répéter sur la scène même où se donnerait la représentation finale.

Représentation finale... J'emploie intentionnellement ce terme, qui est le vôtre, alors que je dis, moi, tout simplement : « concours de fin d'année ». Voilà la discussion... Vous estimez, vous, que les jeunes gens qui se destinent au théâtre ont tout intérêt à se présenter non dans une cave, mais sur une scène bien aménagée... Je pense, moi, tout au contraire, que ce concours de juillet doit rester un examen auquel on invite le public. Vous considérez, vous, le bien-être de ce spectateur, de cet invité : vous réclamez pour lui un fauteuil plus large et un velours moins chaud ; à un buffet placé au milieu des courants d'air, vous préféreriez un foyer où il serait permis de boire, de manger, et où il ne serait pas défendu de fumer. Bref, vous souhaitez, vous auditeur, vous invité, une foule de commodités que pour le moment vous n'avez pas et que vous espérez obtenir salle Favart ou à l'Odéon...

*
* *

Tous ces vœux, je les comprends, et comme vous, avec vous, j'ai fait, il y a vingt ans, l'article que vous me dédiez aujourd'hui ; je l'ai fait et refait sur tous les tons et sous toutes ses faces et j'ai désespéré mes amis Émile Réty et Eugène des Chapelles qui présidaient alors aux destinées du Conservatoire ; je ne comprenais pas leurs objections; je leur reprochais de repousser les moindres réformes et je ne me doutais pas alors, je vous le confesse, qu'un jour viendrait où je reconnaîtrais de si bon cœur mes torts.

Oui, cela est ainsi... Rendez-moi cette justice qu'il est extrêmement facile d'emboîter le pas et de passer pour aller de l'avant. C'est un rôle aisé qui comporte des effets sûrs. Mais, que voulez-vous ? J'aime encore mieux croire avec mes aînés que, fatalement et naturellement, nous changeons d'idées et répudions le plus souvent à quarante ans ce que nous avons adoré en notre belle jeunesse. Dumas affirmait, en je ne sais plus quelle préface, que l'excuse de vivre c'est de découvrir chaque jour des choses qu'on croit neuves et qui sont au fond les plus vieilles du monde... Et voilà comment, me rendant à l'évidence, trouvant que le mépris des « veilles bêtes » n'est rien qu'une attitude facile et que l'irrespect envers les anciens reste une forme même de l'impuissance jalouse, j'éprouve une joie infinie à reconnaître mes erreurs et à proclamer que les vieilles badernes avaient raison, cent fois raison...

Et puis, pensez-vous, ô La Rampe, que cette question du théâtre du Conservatoire n'ait pas été, dans toutes les commissions et sous-commissions, minutieusement examinée? Pensez-vous que c'est pour son bon plaisir que, durant plus de douze années, M. Henry Roujon ait reçu les flèches si gracieusement empoisonnées que vous voulez bien me décocher aujourd'hui ? Pensez-vous que les jurés ne souffrent pas, comme vous et plus que vous, des rigueurs du thermomètre? Consultez-les donc, eux!... Certes, ils ne refuseront pas l'essai loyal fait dans les conditions et sous les réserves que je vous ai sommairement indiquées tout à l'heure... Mais si vous consultiez les élèves ! Car, après tout, c'est leur sort qui nous préoccupe, et c'est sur ce point que je me permets d'insister.

Le spectateur — l'invité — se plaint de la chaleur insupportable et de la salle incommode. Et l'écolier? Il est étranglé par la peur ; il a pioché jour et nuit sa scène de concours, il la débite sans costume, sans mise en scène, et tout cela n'empêche pas qu'il préfère son Conservatoire, son École qu'il connaît, au grand théâtre qui lui est étranger.

De toutes les raisons, voyez-vous, celle-là est encore la plus décisive, et si je vous la livre, c'est que j'ai reçu des confidences qui ne me laissent aucun doute.

*
* *

Je voudrais aussi, puisque je suis en train de me mettre en règle d'un côté avec mes contradicteurs, de l'autre avec moi-même, je voudrais dissiper un petit malentendu au sujet de la vulgarisation du répertoire classique.

Je n'ai jamais prétendu que seuls nos grands classiques devaient avoir place dans les théâtres qui se fondent de tous côtés, à Paris et en province, et j'aurais mauvaise grâce à contester le succès artistique des entreprises de M. Bour à Trianon, de M. Berny à Belleville et de M. Beaulieu au théâtre Maguéra; je sais également tout ce que les écrivains étrangers doivent à l'initiative de M. Lugné-Poé. Mais il me semble, et je remercie M. Gustave Geffroy d'avoir soutenu notre cause, qu'un théâtre populaire peut être à la fois classique et moderne, dramatique et lyrique.

Une expérience récente, qui a réussi au delà de toute attente et a triomphé d'obstacles qu'on disait insurmontables, atteste de manière indiscutable que nos petits Parisiens comprennent et aiment nos grands chefs-d'œuvre de tragédie et de comédie admirablement interprétés. Il y a là un fait réel, patent... S'en suit-il que les impresarii de nos scènes de faubourgs et de banlieue devront négliger le répertoire moderne ? Je ne le crois pas... Mais il y a tout de même, dans ce persistant succès de nos œuvres classiques, une indication utile... N'étant pas directeur et me trouvant par cela même dans l'impossibilité de monter des ouvrages qui coûteraient du temps et de l'argent, j'ai tenté, aidé par d'excellents amis, aidé surtout par l'administrateur de la Comédie-Française, par ses artistes et tout son personnel, de mettre à exécution une idée que je confiai, il y a bien longtemps, à Sarcey, à Larroumet, à Fouquier. Je ne pouvais pas, je ne devais pas faire autre chose, et notre besogne s'arrêtait là...

Cela dit, je constate, sans conclure, que le théâtre Trianon s'intitulait hier théâtre Victor-Hugo et que demain les Bouffes-du-Nord deviendront le théâtre

Molière ; je constate qu'à Orange Coquelin triomphe dans *Amphitryon*, qu'à Béziers on joue Gluck et qu'à Cauterets on fonde le théâtre de la Nature, avec l'appui de nos plus grands poètes. Je remarque enfin que le joyeux Galipaux, laissant de côté piécettes, revuettes et monologues, promène, en nos provinces charmées, les classiques *Fourberies de Scapin* et le non moins classique *Médecin malgré lui*.

Tandis que toutes ces entreprises prennent corps et se fortifient, tandis que les vieilles tournées se transforment en voyages classiques, M. Hertz, le très intelligent directeur des représentations des Coquelin à travers l'Europe, me fait part d'un beau projet tendant à organiser, à la Gaîté, des matinées classiques... Nous reverrons notre grand comédien dans Mascarille des *Précieuses* et de *l'Étourdi*, Crispin du *Légataire*, Sganarelle du *Médecin* et du *Cocu imaginaire*, dans Mercure, M. Jourdain, Tartuffe, Scapin et Figaro.

Le répertoire!... La tradition!...

Et je vais encore une fois être traité de vieille baderne!...

Septembre 1904.

THÉATRES EN PLEIN AIR

Je n'ai pu, et je le regrette, me rendre l'autre semaine à Béziers, où M. Castelbon de Beauxhostes, Biterrois généreux et hardi, donnait en ses Arènes une grande représentation d'*Armide*. Je dis ses Arènes, de même qu'on appelait autrefois la scène d'Orange : le théâtre de M. Mariéton.

Mais qu'il s'agisse d'Orange ou de Béziers, plusieurs observations s'imposent. Certes, il convient de prodiguer les encouragements à ces organisateurs qui, durant de longues semaines, préparent ces magnifiques spectacles de plein air. Je crois, pour ma part, et je ne m'en dédis point, qu'il y a encore là une forme indirecte, mais appréciable, du théâtre populaire. Toutefois, nos impresarii feront bien de ne pas multiplier leurs spectacles à l'excès. Qu'ils veuillent bien considérer ce qui se passa l'an dernier à Orange : trois séries de spectacles avaient été annoncées *urbi* et *orbi*, dirigées par Mme Caristie-Martel, M. Mariéton et M. Antony Real ; on offrit successivement l'*Orphée*, de Gluck ; une œuvre nouvelle de M. Jean Aicard, *Phèdre*, jouée par Mme Sarah-Bernhardt ; *les Phéniciennes*, de M. Rivolet ; *Horace*, avec la Comédie-Française ; l'*Iphigénie* de M. Moréas, et *Athalie*... En six semaines, le théâtre d'Orange avait donné dix représentations...

Cette année, Mme Caristie-Martel, qui a la foi, s'adressa à trois poètes et monta trois grands ouvrages inédits. Quinze actes, vous entendez bien, quinze actes qu'il a fallu distribuer, faire répéter, mettre debout, transporter ensuite en Avignon ! Quand, il y a quelques mois, notre directrice me fit l'honneur de me conter ce formidable projet, je ne lui cachai pas mes craintes. Par bonheur, la fille de notre brave et vieil ami Martel trouva partout un accueil empressé : auteurs et artistes, sous-préfet, maire et adjoints de la ville d'Orange lui facilitèrent sa triple tâche et un succès artistique la récompensa de sa vaillance. Mais il faut bien qu'elle se dise que fatalement, nécessairement, le premier spectacle devait nuire au second et le troisième aux deux premiers ; il faut bien qu'elle se dise que le théâtre d'Orange ne constitue nullement un théâtre d'essai et que les chefs-d'œuvre classiques doivent y garder toujours la plus large place. C'est la même observation que je présentai à M. Meillon, le fondateur du théâtre de la Nature à Cauterets.

Bref, ces théâtres de plein air qui se multiplient de tous côtés en province n'ont, à mon sens, chance de réussir qu'à deux conditions : la première, c'est que les organisateurs en espacent le plus possible les représentations (deux ou trois soirées par année en chaque théâtre suffisent) ; la seconde, c'est que, ne tenant aucun compte des questions de personnes et des recommandations en faveur de tel ou tel poète du cru, ils prennent pour règle stricte de ne monter que des œuvres classiques, ou bien encore des drames comme *la Samaritaine* de M. Rostand, des tragédies comme la *Médée* de M. Catulle Mendès, j'entends par là des pièces consacrées par le succès et adoptées par le public.

Oh ! je n'ignore pas qu'ici encore le cadre, le fameux cadre, joue un rôle important, et je n'oublie pas qu'au beau temps des tumultueuses séances de la Commission d'Orange je fus terriblement maltraité par nombre de mes collègues parce que j'avais osé prétendre que *l'Arlésienne* ravirait tout l'Avignon ! Et vous voudrez bien constater, ami Mariéton, que le chef-d'œuvre de Daudet, donné le mois dernier, sous la direction de MM. Coquelin et Hertz, sur le théâtre de la colline, souleva des transports d'enthousiasme chez vos compatriotes. De nouveau, j'en reviens à la vieille théorie, aux dictons de notre Oncle :

— Les chefs-d'œuvre se jouent partout, sur n'importe quelle scène, avec un écriteau comme décor...

. . .

Mais une règle, surtout une règle de théâtre, comporte des exceptions, et nul ne nie qu'en offrant *Armide* dans un seul décor, nos Biterrois accomplirent un joli tour de force, car vous savez, par nos brillants confrères Pierre Lalo et Gauthier-Villars, auxquels s'était joint notre ami Paul Rameau, qui fut à son heure un des maîtres de la jeune critique musicale, vous savez déjà que M. Jambon trouva le moyen de remplacer les décors nécessaires à l'action d'*Armide* par une plantation unique : très ingénieusement, il rassembla les antres et les fleuves, les rochers et les palais : tous les trucs de féerie qui ont une capitale importance dans l'œuvre de Gluck furent supprimés, et M. Jambon, malgré son grand talent, ne put, sur cette scène gigantesque, improviser les indispensables apparitions.

M. Camille Saint-Saëns a prévu ces écueils, et, comme il n'admet pas que les œuvres de cette envergure ne soient pas représentées telles que le poète les a conçues et écrites, il a renoncé à son voyage annuel à Béziers.

M. Saint-Saëns n'est d'ailleurs pas le seul à montrer d'aussi louables exigences... Avec quelle véhémence — j'assistai à la scène! — un autre compositeur refusa jadis à Bertrand de préparer les transpositions d'*Armide* pour les concerts du dimanche de l'Opéra.

— Du Gluck, mon cher maître, répétait Bertrand, donnons-leur du Gluck! Je vous affirme qu'ils veulent du Gluck!...

— Mais comprenez que ces transpositions sont impossibles! faisait Gailhard. Tenez, Bertrand, nous allons monter pour nos concerts des danses de Lulli, de Hændel, de Rameau et de...

— Et de Gluck! interrompait Bertrand.

— Et de Gluck! Je vous promets que cette salade de danses fera courir tout Paris!...

La salade de danses, délicieusement préparée par MM. Gailhard et Bertrand, assaisonnée avec beaucoup de goût par M. Paul Vidal et mise au point par M. Hansen, obtint le succès prévu : les rigodons de Rosita Mauri et les tambourins de Julia Subra firent fureur, et je vois encore le Président Félix Faure, qui organisait lui-même ses soirées officielles (il disait élégamment ses « menus plaisirs ») nous recommander du gai et toujours du gai.

— En musique, du Gluck, concluait le Président. Cela suffira ! Danses de Gluck ou airs de Gluck, peu importe !... Du Gluck !

Du Gluck... Bien vite, je courais à l'Opéra et transmettais la recommandation à Bertrand qui, délirant de joie, s'écriait :

— Vous voyez, Gailhard ! vous voyez, Bernheim ! Le Président ordonne du Gluck !... Et l'on prétend que je ne m'y connais pas en musique !

On appelait Vidal, on appelait Hansen, on rajeunissait la première salade de danses, on y ajoutait des nouveaux pas dénichés au fond de la bibliothèque de l'Opéra. L'important était d'inscrire plusieurs fois le nom de Gluck au programme des « menus plaisirs » présidentiels...

— Oh ! cette danse-là, fit un jour Bertrand à Paul Vidal, qui répétait dans le cabinet directorial, cette danse-là est vraiment la mieux venue !

Cela est gracieux, pimpant, d'un archaïsme exquis!

— Celle-là, murmurait Vidal avec un flegme imperturbable, est une danse ultra-moderne!...

. . .

Nous voilà bien loin des théâtres en plein air, des Bitterrois et d'*Armide*!...

Nous apprîmes également que Félia Litvinne, admirable dans *Alceste* même après notre grande Rose Caron, remporta à Béziers, sous les traits d'Armide, un nouveau et colossal succès, et l'on ne négligea point de nous conter que la première spectatrice qui battit des mains fut la future Armide, celle de notre Académie de musique...

Regardez-la... « Le front est noble, intelligent, lustré par des frissons de lumière sur les portions saillantes, le masque est éminemment tragique, ses yeux parfaitement beaux, ses sourcils d'un noir velouté, d'une courbure orientale, se joignent à la racine d'un nez trop aquilin peut-être, et ces sourcils, dessinés fermement, contribuent par leur contractilité à donner à la face une expression de passion jalouse et d'emportement appropriés aux personnages qu'elle joue... »

Elle? Qui donc, elle? Si je vous avouais, mademoiselle, qu'à l'heure où vous donniez le signal des applaudissements, je retrouvai dans mon divin Gautier (il ne faut jamais s'en séparer, même en voyage) ce portrait de la Falcon...

La Falcon! Vous bondissez, ô Valkyrie! La Falcon, immortelle interprète de Valentine, de Rachel et d'Alice!... Et il se trouve que cette image tracée par le divin poète est la vôtre, mademoiselle. N'en rougissez pas! On peut être Armide après avoir séduit Raoul!... Qui même affirmerait que vous pourriez aborder ce grand rôle si vous ne vous étiez naguère, rue du Faubourg-Poissonnière, rompue aux affreuses roulades et aux maudites cocottes du vieil opéra? Direz-vous seulement que, pour devenir l'interprète de Gluck, il faut d'abord passer par Meyerbeer et Verdi, et concevez-vous qu'une lauréate du Conservatoire débute dans *Alceste* ou dans *Armide*?

Et voilà encore une fort utile indication qui aura été fournie par une représentation du théâtre en plein air!...

Octobre 1904.

AUTOUR D'UNE REPRISE

Je regrette que, dans les articles consacrés à la reprise du *Demi-Monde*, on ait négligé de nous rappeler les bruyants démêlés qu'eut l'auteur avec la censure d'alors. Dumas aimait à évoquer de tels souvenirs. Un jour que, censeur moi-même, j'avais été chargé par le ministre de lui confier le manuscrit d'une pièce nouvelle qui nous embarrassait beaucoup, Dumas, très allégrement, me tint ce langage :

— Voyez-vous ! Je suis vengé... Voilà qu'on veut faire de moi un censeur ! Je ne m'attendais pas, je l'avoue, à un tel honneur. Du reste, je le refuse... Remportez votre manuscrit et dites bien à votre ministre que je ne me reconnais pas le droit d'examiner, en tant que censeur, l'ouvrage d'un confrère. Je suis, et je ne le cache pas, un partisan décidé de la censure. Nul plus que moi n'a souffert de ses sévérités, mais elle reste tout de même une sauvegarde, une garantie non seulement pour les auteurs, mais aussi et surtout pour les directeurs. Je l'ai écrit en 1867 et je ne m'en dédis pas aujourd'hui. La censure ne put jamais ni arrêter ni dénaturer un chef-d'œuvre, depuis *Tartuffe* jusqu'au *Mariage de Figaro*, depuis *Figaro* jusqu'à *Marion Delorme*, depuis *Marion* jusqu'au *Fils de Giboyer*. Ne nous rend-elle pas parfois service? Un courriériste de théâtre annonce que la première de telle pièce est retardée par suite de modifications exigées par la censure ; trois jours après, le même courriériste nous fait savoir que tout est arrangé à la suite de concessions réciproques, mais il ajoute que la pièce autorisée n'en est pas moins osée, pleine de situations scabreuses. Or, n'en doutez pas, ces deux lignes, qui n'ont l'air de rien, produisent un effet immédiat sur le bureau de location. Tout Paris veut entendre ces prétendues hardiesses qui n'existent en réalité que dans l'imagination de vos collègues les censeurs... J'en conclus que la terrible censure qui a interdit ma *Dame aux Camélias* et a jadis fait fermer les portes de la Comédie-Française au *Demi-Monde*, j'en conclus que cette censure est une fausse ennemie, et que, si elle n'était pas de ce monde, il faudrait l'inventer. Une fois qu'elle a donné son visa, quelle sécurité pour nous ! La censure a permis la pièce : donc la pièce est sans danger... Une censure répressive?

Allons donc! Ils n'y pensent pas, mes jeunes confrères! Le lendemain de la représentation d'une pièce, ils tomberaient sous la juridiction de la police et — je reprends les mots mêmes qu'on me jeta si souvent à la tête — nos théâtres seraient assimilés à des lieux publics : au premier scandale on fermerait la boutique et on confisquerait la marchandise. Des mains d'un fonctionnaire austère, mais aimable, nous passerions dans celles de mouchards ignorants... Qu'on essaye, et on verra!... Mais tout cela n'empêche pas que je ne lirai pas votre pièce par la raison que je n'ai pas à prendre une telle responsabilité. Et je vous en prie! ne me donnez ni le titre de la pièce, ni le nom de l'auteur! Je ne veux rien savoir de cette histoire. Je suis très touché de la confiance que le ministre me témoigne. Remerciez-le, mais restons-en là.

Je remportai mon manuscrit et je rapportai à mon chef les paroles de l'illustre écrivain...

— Très bien, fit le ministre. Nous nous passerons de l'avis de M. Dumas sur la pièce nouvelle, mais vous allez immédiatement me préparer un rapport sur la censure, et dans ce rapport vous reproduirez de votre mieux les termes mêmes dont s'est servi M. Dumas. Voilà un homme qui n'a pas changé d'opinion et qui en 1890 nous redit exactement ce qu'il écrivait en 1867 ! C'est très bien ! Ça me raccommode avec les auteurs dramatiques !

Et le ministre, sur un ton d'inexprimable mélancolie, ajouta :

— Quelle santé, ce Dumas ! En vingt-trois ans n'avoir pas bougé et être resté fidèle à ses principes !...

Le grand maître de l'Université s'interrompit brusquement, esquissa un geste qui en disait plus à lui seul que bien des paroles. Visiblement l'homme politique faisait un triste retour sur lui-même... Vingt-trois ans ! Je l'entends encore scander ces mots... Toute la politique et ses dessous se découvraient d'un seul trait...

*
* *

Je fis le rapport, et quelle ne fut pas ma surprise quand, quelques jours après, je le retrouvai, presque mot pour mot, au *Journal officiel*. La Commission du budget de la Chambre des députés, suivant une vieille habitude qu'elle n'a d'ailleurs pas perdue, décrétait la suppression de la censure, et le ministre, suivant la même habitude, défendait l'institution. Son prédécesseur avait, l'année précédente, prononcé un magistral discours sur ce sujet battu et rebattu : il fallait à tout prix renouveler la formule et retenir, à l'aide d'arguments nouveaux, l'attention de la Chambre. Ce n'était pas facile... Mais le ministre, je le compris en lisant l'*Officiel*, suivait son idée lorsqu'il priait Dumas de remplir les fonctions de censeur. Dumas avait donc, sans s'en douter, préservé la censure des foudres du Parlement ; le ministre s'était, sur le dos de l'écrivain, taillé un très vif succès d'orateur, et moi j'avais pris une admirable leçon de théâtre. Quant à la pièce, elle fut jouée sans une seule coupure et disparut de l'affiche après quelques infructueuses représentations.

Lorsque, quelque temps après, je revis Dumas :

— Eh bien, fit-il, nous avons remporté l'autre jour une jolie victoire à la Chambre ! Vous savez qu'il a dit de très bonnes choses, le ministre !

— Ces choses-là, mon cher maître, elles viennent de vous !...

— Détrompez-vous ! Il est déjà très difficile de parler théâtre à des gens qui croient le connaître ; mais, ce qui est encore plus malaisé, c'est de discourir sur le ton qui convient devant cinq cents hommes assemblés, dont les trois quarts n'ont jamais mis les pieds au théâtre, c'est de se faire écouter par eux, c'est de forcer leurs applaudissements. Vous dirai-je que moi, tel que vous me voyez, j'ai vaguement songé à me faire nommer sénateur! Cela m'aurait amusé de confectionner des lois, et je vous assure qu'au fond je ne me serais pas montré plus bête qu'un autre! Ni moins, d'ailleurs... Et c'est ce « ni moins » qui me décida à repousser les offres de mes compatriotes...

Comme je voudrais aujourd'hui retrouver classées, sténographiées, toutes ces leçons de théâtre que j'ai prises auprès de mes anciens, auprès de Dumas, de Becque, de Sarcey, de Meilhac, de Victorien Sardou! Leçons de théâtre, eh oui ! De jeunes écrivains, pleins de confiance et de talent, les raillent, ces leçons! Ils proclament qu'ils combattent pour une idée, et que si le théâtre ne constituait pas la vraie bataille des idées, ils renonceraient à lutter et à écrire!

Ah ! mon cher Basset, combien nous vous savons gré de nous avoir procuré, chaque jour, durant nos vacances, des joies insoupçonnées! Que de coups reçut en cette bagarre ce maudit Scribe, ce grand malfaiteur qui eut le tort de signer *les Huguenots*, *le Prophète*, *Une Chaîne*, *la Camaraderie*!... Que de grâces je rends à mon vieil ami Ernest Blum, qui, se moquant des égards qu'il doit aux faiseurs de tranches de vie, répond froidement : « Le premier auteur du siècle dernier ? Celui qui eut le plus d'influence sur le théâtre ? Siraudin ! »

Hélas ! le bon Siraudin n'obtint qu'une seule voix en ce si amusant plébiscite de théâtre.

. . .

Et voici que ce soir, après quarante-neuf années d'existence, *le Demi-Monde* reparaît sur notre premier théâtre. Ici encore, que de souvenirs ! Je relisais hier la plupart des articles consacrés à l'œuvre de Dumas, lorsqu'elle fut représentée pour la première fois à la Comédie-Française. La critique fut féroce. Un des princes incontestés de cette critique déclare que la pièce, transportée du Gymnase à la Comédie, subit une transformation particulière par l'effet d'une mise en scène très soignée, mais qui dépasse le but : il trouve que les meubles, les accessoires et les toilettes sont trop riches ; il estime qu'au Gymnase le tableau gardait une apparence plus bourgeoise, plus modeste et par conséquent plus vraie ; il reproche à la principale interprète, Mme Croizette, d'abuser de ces effets violents qui lui avaient valu en 1872 un triomphe dans le dernier acte du *Sphinx* d'Octave Feuillet ; il fait un grief à Delaunay de prêter trop de profondeur à Olivier de Jalin et de tourner tantôt au Méphistophélès, tantôt au justicier, au lieu de rester un simple désœuvré de Paris... De Frédéric Febvre, qui jouait alors avec le plus rare talent Raymond de Nanjac, il ne souffle pas un mot. Seuls, Mme Nathalie et Thiron, qui tiennent les rôles secondaires de la vicomtesse de Vernières et de Thonnerins, sont loués sans réserve...

Got, en Richond, Delaunay, Febvre, Thiron, Mmes Croizette, Gabrielle Tholer, en Valentine de Santis, Nathalie et Émilie Broisat, celle-ci venant de l'Odéon et débutant sous les traits de cette aimable Marcelle, qui a eu froid en venant au monde, quelle distribution! Puis, Delaunay parti, Frédéric Febvre abandonne le rôle de Nanjac pour s'essayer dans celui d'Olivier... Puis Worms joue Nanjac, et, Febvre ayant lui-même quitté la place, Worms reprend Olivier et trouve le moyen — lui Worms, le plus parfait des Alcestes! — de devenir le plus séduisant des Philintes, car Olivier c'est Philinte, Nanjac c'est Alceste, la baronne d'Ange c'est Célimène, et je n'affirme pas que Marcelle elle-même ne soit une très proche parente de la sincère Éliante! Après Sophie Croizette, superbe et insolente baronne d'Ange, la pauvre Gabrielle Tholer, parfaite grande coquette, idéale marquise de Prie, qui, malgré tout son talent, s'égare quelque peu dans la grande comédie dramatique. A Gabrielle Tholer succèdent tour à tour Marie-Louise Marsy et Marthe Brandès, et comme on demande à un vieil habitué de la maison ce qu'il pense des deux interprètes :

— Marsy jouait le rôle trop blond; Brandès, elle, le joue trop brun !

Le mot est assez juste. Mlle Marsy faisait, en effet, de Suzanne une mégère extrêmement apprivoisée et lui donnait l'allure d'une souriante Froufrou... Il y avait là un léger contresens... Mlle Brandès se montrait plus sincère, plus vibrante, plus humaine et présentait une Suzanne sachant ce qu'elle veut et où elle va, et ne se souvenant plus du tout d'où elle vient. Avec elle, on comprenait que Suzanne avait tout combiné et machiné pour la lutte que lui livrera, durant cinq actes, Olivier; on sentait qu'elle n'aimait pas plus Nanjac que Célimène n'aimait Alceste, et que, tout compte fait, elle cherchait à moderniser de son mieux l'héroïne de Molière. Le personnage, ainsi compris, avait été remarquablement mis debout et campé par la très séduisante comédienne. L'écueil, c'est que (l'abonné disait vrai) elle n'atténuait peut-être pas suffisamment les angles du personnage.

Mlle Sorel jouera-t-elle ce soir trop blond ou trop brun ? M. Le Bargy se rapprochera-t-il de Febvre ou de Worms, ou bien ira-t-il du côté de Delaunay ? Je ne sais : en tout cas, la soirée ne peut manquer d'être fort intéressante...

Octobre 1904.

QUESTION DE CADRE

Ce gentil petit théâtre des Bouffes a enfin rouvert ses portes : on le croyait fermé à jamais, car vous n'ignorez pas que c'est lui qui provoqua la fameuse affaire du Trust. Comment M. Bour a-t-il obtenu de la Commission des Auteurs, d'une part, du propriétaire de l'immeuble, de l'autre, les autorisations nécessaires pour s'installer dans le fauteuil directorial ? Il paraît probable que la Commission des Auteurs, locataire et propriétaire auront fait de mutuelles concessions. La Commission, dont on médit parfois à tort, est en ce moment présidée par M. Georges Ohnet et j'imagine qu'avec sa grande et coutumière bienveillance l'auteur du *Maître de forges* aura signalé à ses collègues les excellents états de service de M. Bour.

Excellents en effet, et si je me permets d'apporter ici mon témoignage personnel, c'est que j'ai vu à la besogne le jeune comédien-directeur. Il y a un an, je recevais sa visite : il venait d'acheter le théâtre Trianon ; il me conta ses projets : il débaptisait son théâtre et lui donnait le nom glorieux de Victor Hugo; il caressait le rêve d'y ressusciter le drame en vers et d'y offrir chaque semaine, sinon des matinées, du moins des séances classiques : des heures de poésie, comme on dit en Odéonie !...

Ce programme, M. Bour l'exécuta, en quelque sorte, à la lettre. Un ouvrage nouveau tombait-il ? Vite, le lendemain même de la première, il en mettait un autre en répétitions. Deux fois en cette saison laborieuse, le vaillant impresario toucha au succès : d'abord avec le charmant *Cadet Roussel* de M. Jacques Richepin, qui eut les honneurs de la reprise à la Porte-Saint-Martin et valut à sa principale interprète un engagement immédiat à la Comédie-Française; ensuite avec *les Pantins*. Par malheur, ces deux succès ne réparèrent pas les brèches, les terribles brèches causées par les chutes, souvent inexplicables, des autres pièces... Les séances de poésie obtenaient un gros succès auprès du public ; le choix des morceaux était parfait et nos plus célèbres artistes se montraient heureux de collaborer à cette artistique tentative; mais, le soir, la recette se soldait par quelques centaines de francs, et il fallait bien payer les camarades

L'Embarquement pour Cythère.

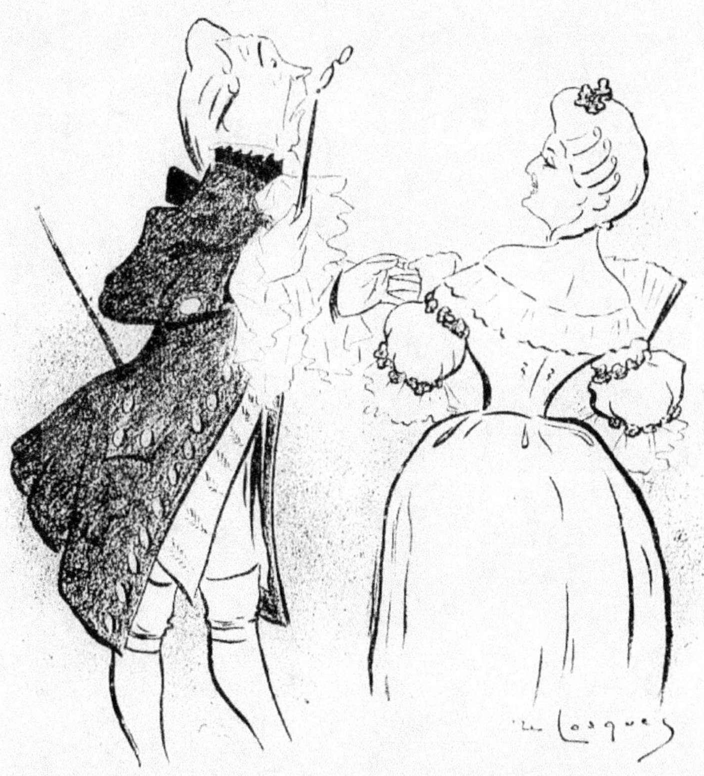

M. Bour. Mlle Léonie Yahne.

qui n'étaient pas plus riches que le directeur!... De temps à autre, nos Trente Ans de Théâtre donnaient une soirée classique populaire chez M. Bour. Afin de ne point entraver la marche de la pièce en cours de représentations, il nous priait d'attendre la « dernière » : régulièrement et malgré l'extrême modicité du prix des places, qui constitue la raison d'être de nos spectacles de faubourgs, nous faisions une recette variant entre deux mille et deux mille cinq...

— N'est-ce pas navrant de faire autant d'argent? s'écriaient nos collègues préposés au règlement des comptes.

Navrant, certes, non pour nous, mais pour M. Bour!... La salle était bondée du haut en bas : on avait installé des chaises, des bancs et des tabourets, au désespoir de l'officier de paix qui, peu accoutumé à de telles fêtes, nous dressait force contraventions... Et j'admirais, nous admirions tous le jeune Bour qui, avec une douce philosophie, nous versait notre recette, contemplait sa salle et réservait le meilleur accueil à ses grands camarades de la Comédie-Française. Il était impossible de se montrer plus beau joueur.

* * *

M. Bour abandonna Montmartre sans trop de regrets, et le voici qui s'installe, en plein Paris, dans un théâtre qu'on croyait mort et qu'il veut relever. Il oublie les luttes récentes et ne se souvient que des belles soirées de *Cadet Roussel* et des *Pantins* ; hardiment, plein de confiance, il se remet à la besogne et prépare de nouvelles batailles... « Eh quoi! lui crie-t-on de tous côtés, la comédie et le drame en vers aux Bouffes! Vous n'y pensez pas!... Les Bouffes! la scène d'Offenbach! Songez que c'est là que nos anciens découvrirent cette musique vive, rapide, gaie, entraînante, irrésistible!... Rappelez-vous *les Deux Aveugles* et *le Violoneux*, *la Chanson de Fortunio* et *le Mariage aux lanternes*, *les Bavards*, et avant tout *Orphée*! Rappelez-vous aussi *la Princesse de Trébizonde* et *Monsieur Choufleuri*, *la Jolie Parfumeuse* et *Madame l'Archiduc*! Et *la Timbale*! Et *la Mascotte*! Et *les Mousquetaires au couvent*! Rappelez-vous *Cendrillonnette* et *Miss Hélyett*! Et Judic, et Paola Marié, et Peschard, et Louise Théo, et Mily Meyer, et Ugalde, et Montbazon, et les époux Montrouge... Et Daubray, et Hittemans, et Morlet, et le premier de tous, notre cher Lucien Fugère!... On l'a dit, on l'a écrit : toutes ces pièces — appelez-les *opérettes* ou *opéras bouffes*, peu importe! — furent les divertissements d'une époque insouciante, mais d'une des époques les plus amusantes et les plus brillantes de notre histoire... Cette société, un peu étourdie de plaisir, inventa la blague, et, pour beaucoup d'entre nous, toutes ces adorables fantaisies, tous ces artistes favoris, c'est notre jeunesse même... Ce que nous goûtons dans ces chefs-d'œuvre de l'ancien temps, c'est le souvenir de nos meilleures années... Redonnez-nous donc, comme Samuel aux Variétés, ces choses exquises, reconstituez une troupe d'opérette, mais n'allez point enlever à ce théâtre des Bouffes son caractère, sa grâce ; ne transformez pas cette scène parisienne entre toutes en un prétendu théâtre de poètes. Et la question de cadre!... Prenez-y garde! »

M. Bour écouta et laissa dire. Armé de cette aimable philosophie dont il donna au théâtre Victor-Hugo les preuves précitées, il laissa passer l'orage et tranquillement, fidèlement, il revient à la poésie. Il emporte aux Bouffes les manuscrits entassés à Montmartre : entre ces manuscrits, il en distingue un ayant pour auteur Émile Veyrin... Il a applaudi, il y a trois ans, à la Comédie, une pièce intitulée *Frêle et Forte* signée du même nom. Veyrin ?... N'est-il pas mort depuis, et n'a-t-il pas laissé une pièce à Silvain, une autre à Leloir?... Un poète méconnu! L'affaire est tentante, la partie est belle à gagner, et sans consulter personne il inscrit au tableau des répétitions *l'Embarquement pour Cythère*.

Mais les interprètes, où sont-ils? Qui tiendra ce délicieux rôle de la petite marquise? Qui saura dire le vers? Grave écueil!... On annonce que Mlle Yahne se trouve libre d'engagement, elle l'inoubliable créatrice de *Monsieur l'Abbé*, de l'Innocent de *l'Arlésienne*, de *l'Age difficile*, de *la Douloureuse*, de *Jalouse*, de *Colinette*, elle la créatrice de *la Reine Fiammette* de Catulle Mendès!... Un drame en vers aussi, la *Reine Fiammette*! La comédienne hésite... Les Bouffes, l'opérette, le cadre!... Elle lit la pièce, le rôle l'enchante, elle le joue à ravir, et malgré Offenbach, malgré l'opérette, malgre le cadre, elle y remporte une des plus éclatantes victoires de sa carrière.

Quant à la pièce découverte par M. Bour, elle va aux nues : c'est une révélation. Quelques esprits chagrins insinuent qu'elle eût paru mieux à sa place — encore le cadre! — à la Comédie ou à l'Odéon, mais ne sont-ce pas ces éternels mécontents qui, si on leur avait présenté le même *Embarquement pour Cythère* à la Comédie ou à l'Odéon, auraient réclamé, sur le même ton, une scène moins vaste?...

*
* *

Du joli succès de l'ouvrage posthume de M. Veyrin ne peut-on tirer quelques indications?

Assurément, ainsi que le faisait remarquer mon ami et éminent collaborateur Emmanuel Arène, ce succès a été d'autant plus vif que l'auteur n'est plus de ce monde, ce qui prédispose le public facile des premières à la bienveillance. Cela est très humain et à l'honneur de notre Paris du théâtre. Mais en tout état de cause, la pièce eût, à mon avis, réussi, non pas seulement parce qu'elle est l'œuvre d'un vrai poète, mais parce qu'elle a été bien montée, bien jouée et bien comprise.

J'en conclus que le fameux cadre n'a pas l'importance qu'on veut lui donner. Une comédie en vers triomphe aujourd'hui sur une scène illustrée par l'opérette. Mais est-ce que la Renaissance, qui vit naître, sous Victor Koning, *la Petite Mariée*, *Giroflé*, *le Petit Duc*, *Belle Lurette* et tant d'aimables ouvrages, ne devint pas, d'abord avec M. Fernand Samuel, ensuite avec Mme Sarah-Bernhardt, aujourd'hui avec M. Guitry, un théâtre de comédie et de fort bonne comédie? Est-ce que M. Porel, le plus brillant directeur qu'ait jamais eu l'Odéon, ne donna pas à *l'Arlésienne*, tombée au Vaudeville de Léon Carvalho, le développement musical qui lui convenait? Ne lui reprocha-t-on, sous prétexte qu'il avait demandé à quelques « grands prix de Rome » de collaborer à l'adaptation des œuvres shakspeariennes, de faire de son théâtre une scène musicale? Les éternels mécontents — les mêmes qu'aujourd'hui sans doute! — ne déclarèrent-ils pas que M. Porel *décadrait* l'Odéon?

Disons-le nettement : la question de cadre n'existe plus. M. Bour a gagné la partie parce qu'il a su grouper tous les éléments de réussite. Une bonne interprétation, une mise en scène soignée ne suffisent pas et n'ont jamais suffi. Il faut que le directeur ait une confiance absolue dans l'œuvre qu'il monte et que, par tous les moyens en son pouvoir, il la défende.

Nos impresarii paraissent se préoccuper trop souvent de leurs programmes, de leurs abonnements et de mille détails secondaires. Pendant qu'ils montent un ouvrage, ils songent surtout à celui qui lui doit succéder. Ils n'osent plus, ils ont la peur du lendemain. Le mot de Perrin reste éternellement juste :

— Un directeur de théâtre est un joueur. Si l'estomac lui manque, il est condamné d'avance!

M. Bour a osé. Les déconvenues du théâtre Victor-Hugo ne l'ont pas abattu; les mauvais conseillers ne l'ont pas détourné de la voie qu'il se traça... Aux Bouffes, sur la toute petite scène d'Offenbach, il a joué une grande comédie en vers. Il est récompensé de sa ténacité intelligente. C'est justice.

Octobre 1904.

AUTEUR ET INTERPRÈTE

Avant-hier, aux Nouveautés, un aimable habitué des premières, à qui depuis plus de vingt années je serre chaque soir les deux mains et dont je persiste à ignorer le nom, me posa, sans crier gare, cette insidieuse question :

— Voulez-vous, cher ami (je suis, vous le devinez, son ami), m'expliquer comment M. Paul Bilhaud, qui confectionne de si jolies pièces, cache l'âme d'un noir conspirateur ?

— Un conspirateur ?

— Vous ne vous souvenez donc pas de l'Affaire ? L'Affaire de la rue Pigalle ! N'est-ce pas Paul Bilhaud lui-même qui, juste en face la célèbre maison du maudit Scribe, organisa des meetings et terrifia la Commission des Auteurs ?...

Puis mon ami, après m'avoir exposé par le menu les nombreuses péripéties de cette horrible Affaire, s'arrêta brusquement...

— Mais au fait, s'écria-t-il, vous étiez le collègue de Paul Bilhaud, rue de Valois... Combien de fois je vous rendis visite, à lui et à vous!

Tout cela était vrai, absolument vrai : Paul Bilhaud fut pigaîlier, Paul Bilhaud conspira, Paul Bilhaud appartint aux Beaux-Arts ; ces renseignements sont rigoureusement exacts. Ah ! comme je voudrais que mon ami, qui depuis tant d'années hésite entre la Bourse, le Sport et le Théâtre et trouve encore le moyen — le mâtin ! — de rendre force visites aux fonctionnaires, prît décidément un parti, un grand parti, et consacrât ses loisirs — il en a! — à écrire l'histoire de ses cinquante années de couloirs de premières !...

Je veux donc, mes lecteurs m'en excuseront, me mettre une bonne fois en règle avec mon [illegible] et je vais lui conter les aventures d'un des auteurs de la triomphante *Gueule du loup*.

Il y a vingt-quatre ans, sortant d'un régiment rouennais où, durant douze longs mois, je désespérai parents, chefs et camarades, je débutai au ministère des Finances; mon passage en cette noble administration laissa de telles traces que je ne figure même plus — j'en fis récemment la pénible constatation — sur les contrôles de l'année 1880-1881 ! Des Finances, je passai aux Beaux-Arts.

— Du Louvre au Palais-Royal! me dit, sur un ton d'exquise gentilhommerie, M. Edmond Turquet, notre surintendant des Beaux-Arts...

Mon pauvre ami Gustave Ollendorff, qui s'intéressait à mon malheureux sort, me prit sous sa protection et m'installa dans son bureau, car il venait d'être promu chef du service de tous les musées de France. Sous-chef du cabinet de Jules Ferry, il entrait lui aussi au Palais-Royal... Sa première préoccupation fut de posséder un bureau ayant vue sur le jardin : il consentait bien à diriger les musées, mais il voulait surtout du soleil et des fleurs... Ollendorff, qui était bien le collègue le plus cordial qu'on pût rêver, me mit en rapports avec ses amis du ministère : parmi eux se trouvait Paul Bilhaud ; la présentation fut vite faite : une heure après nous déjeunions ensemble au restaurant de la place Valois... Bilhaud cachait alors nombre de pièces dans ses cartons, mais le public ne le connaissait encore que par ses monologues et surtout par ce *Hanneton*, détaillé à ravir par notre ami Cadet...

Un homme, dont je citai bien souvent le nom à cette place, Paul Renard, dirigeait en ce temps-là, avec un rare bonheur, l'Eldorado qu'on appelait la Comédie-Française des cafés-concerts : la troupe, en effet, comptait Perrin, Ducastel, Mathieu, Mmes Amiati,

Thérésa, Duparc, toutes les reines et les rois de la chanson ; le programme se divisait en deux parties, l'une consacrée au concert, l'autre au vaudeville; tantôt on offrait au public enchanté (le fauteuil coûtait alors cinquante sous, cerise à l'eau-de-vie comprise) un vieil acte du répertoire de Scribe ou de Lambert Thiboust; tantôt on jouait une petite pièce, une pièce mêlée de chant, indiquait scrupuleusement l'affiche... Renard, qui aimait à rappeler qu'il avait eu la gloire de découvrir Anna Judic, Louise Théo et Mily Meyer (leurs noms flamboient encore sur les colonnes de l'Eldorado d'aujourd'hui), s'appliquait aussi à dénicher des auteurs. D'une loyauté parfaite, répudiant toutes les combinaisons louches et les tripotages de marchands de billets, Renard facilitait singulièrement la tâche des débutants. Il appela donc à lui Bilhaud, Albert Barré un des auteurs de la trois fois centenaire *Nuit de noces*, Antoine Banès le charmant musicien de *Toto*, et cette collaboration, à laquelle nous devons *l'Escargot* — un petit bijou d'opéra-comique! — *Sa Majesté* et *la Jarretière*, porta le plus complet bonheur à la Comédie-Française de nos cafés-concerts.

Mais Bilhaud, cela se conçoit, rêvait toujours d'aborder le théâtre : l'écueil, c'est que nos scènes de genre se trouvaient alors accaparées par une association de dramaturgie dont Koning était le maître et contre laquelle les jeunes ne pouvaient rien... Le vrai succès n'arrivait pas et, comme consolation, Bilhaud n'avait que son bureau du Palais-Royal! Après maintes démarches, il parvint à imposer à MM. Briet et Delcroix, directeurs de l'autre Palais-Royal, la représentation d'un joyeux vaudeville, *Bigame*; mais *Bigame*. sans qu'on sût pourquoi, ne réussit que médiocrement... Et Bilhaud, avec une persévérance admirable, se remit au travail...

Il était, au ministère, rédacteur au bureau des théâtres et spécialement chargé de veiller aux dossiers de la caisse des danseuses de l'Opéra.

Hélas! la guigne, l'affreuse guigne, le poursuivait toujours : tandis que ses collègues sortaient tous du rang les uns après les autres, le pauvre auteur de *Bigame* restait commis-rédacteur... Roger Marx, qui triomphe dans la critique d'art, était appelé auprès de Castagnary; à Roger Marx succédait notre ami Julien Berr de Turique; un autre se voyait bombardé inspecteur des théâtres, et Bilhaud marquait le pas... Il aurait pu crier à l'injustice et casser les vitres; mais, armé d'une douce philosophie, il préféra se taire et, sans se décourager, il attendit patiemment son heure... Le succès des *Espérances*. une agréable comédie, lui redonna quelque confiance ; mais les petits actes, on le sait, ne comptent pas plus que les monologues !... Bilhaud avait été, pendant longtemps, l'auteur du *Hanneton* ; il devint celui des *Espérances*.

Un beau jour, las et écœuré de se morfondre sur les dossiers de la caisse de retraites de notre Académie de danse, il réclama d'abord sa mise en disponibilité, puis un congé illimité ; les chaînes administratives lui pesaient : il les secoua définitivement... ; Bilhaud était sauvé !... Tous les théâtres s'ouvrirent comme par enchantement ; tous les collaborateurs s'offrirent à lui ; il marcha de succès en succès et nous donna au Palais-Royal, aux Nouveautés et sur diverses scènes, cette longue série d'aimables pièces qui ne sont pas des comédies de caractère, mais ne sont déjà plus des vaudevilles de convention.

Voilà l'histoire de Bilhaud... Mon vieil ami de couloirs est-il suffisamment rassuré ? Il avouera que c'est là une histoire fort simple, tout à l'honneur, en somme, de l'heureux auteur de *la Gueule du loup* et n'indiquant point du tout chez lui la vilaine âme d'un noir conspirateur...

* * *

Ce que c'est pourtant, ô ami de couloirs, que la Veine, et considérez le cas de la principale interprète de MM. Hennequin et Bilhaud, Mlle Cerny... Vous verrez que la délicieuse Mme Planturel de *la Gueule du loup* souffrit, elle aussi, tout comme son auteur Bilhaud, des rigueurs de la Destinée...

Entrée au Conservatoire à l'âge de quinze ans, la jeune Berthe de Choudens paraissait devoir gagner tous les premiers prix. Jolie comme un cœur, des cheveux noirs superbes, un nez malicieux, des yeux de feu, un sourire exquis, une voix douce et pénétrante, d'une facilité surprenante; avec cela, intelligente, instruite, studieuse : bref, tous les dons et aussi toutes les qualités de la véritable comédienne. Par malheur, au Conservatoire un premier obstacle surgissait déjà : elle avait comme camarade de classe — l'admirable classe de Gustave Worms — une dangereuse rivale : Marthe Brandès... Chez le voisin, Delaunay, on distinguait une autre rivale, une toute jeune fille se nommant Marie-Louise Marsy, et chez Maubant il n'était question que d'une adorable personne répondant au nom de Rosa Bruck... Triple et

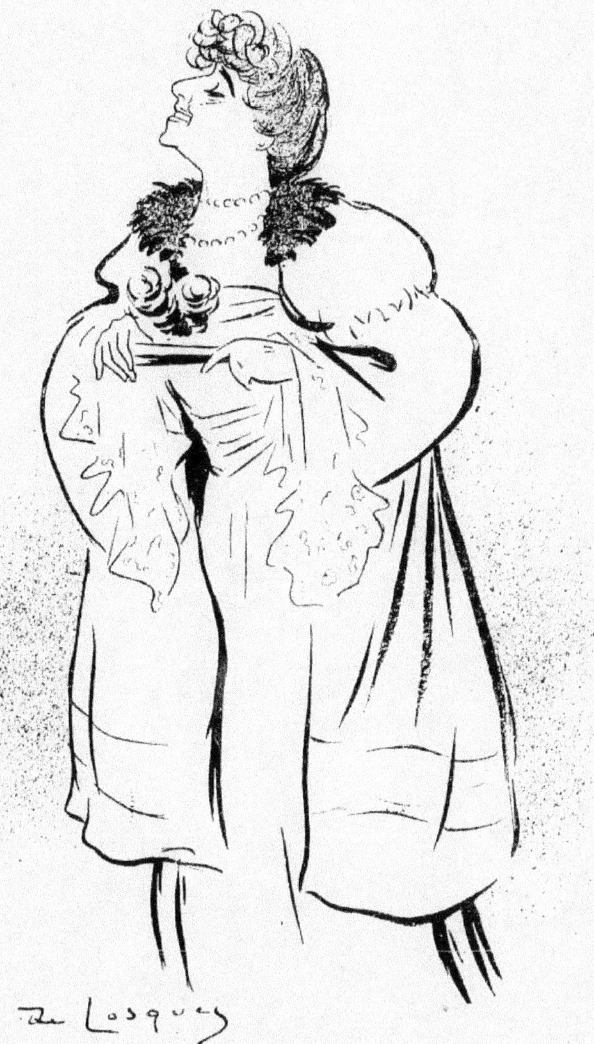

Mlle Berthe Cerny dans *Décadence*.

redoutable concurrence!... « Une année grasse! » répétait Ambroise Thomas... En juillet un concours inoubliable : le premier prix Brandès-Bruck-Marsy!... La petite Berthe de Choudens se voyait forcément reléguée au second plan, mais son professeur lui donnait courage et, après des études en somme fort brillantes, elle enlevait un prix; elle avait joué en comédienne consommée une scène des *Trois sultanes* de Favart, de ces fameuses *Sultanes* qui avaient valu quelques années auparavant, en ce même Conservatoire, la seconde récompense à Gabrielle Réjane et furent plus tard, à la Comédie-Française, l'occasion d'un triomphe pour Jeanne Ludwig...

Un des jurés du Conservatoire avait fort remarqué Berthe de Choudens; il lui trouvait du talent et, ce qui vaut infiniment mieux, une nature de théâtre. Ce juré n'était autre qu'Émile Perrin, l'administrateur de la Comédie-Française. Mais voyez la guigne qui s'emparait de la petite lauréate! Perrin tomba malade et fut suppléé par M. Kæmpfen, lequel ne se reconnaissait pas le droit de contracter des engagements... Voilà comment le plus malencontreux des hasards empêcha la jeune artiste d'entrer à la Comédie-Française où elle eût trouvé sa place...

On sait la suite... Mlle Cerny passa par la plupart

de nos théâtres... A l'Odéon, elle créa, entre autres pièces, *Numa Roumestan* (qui ne se souvient du pâtissier qu'elle esquissa d'un trait si spirituel ?), *Renée Maupérin*, *le Songe d'une nuit d'été*; au Vaudeville, elle se fit applaudir dans *l'Affaire Clémenceau* et dans *Mensonges*; au Gymnase, dans *Celles qu'on respecte* et *l'Homme à l'oreille coupée*; au Palais-Royal, elle joua *Nos Gigolettes* de Meilhac et *Monsieur chasse*, une des pièces les mieux venues de Georges Feydeau ; à la Porte-Saint-Martin, elle reprit *le Collier de la Reine*; à la Renaissance, elle créa un des principaux personnages de *la Châtelaine*. Comédie, vaudeville, drame, elle aborda tous les genres ; jamais elle ne laissa tomber un rôle : toujours et partout elle réussit, mais sans décrocher ce succès décisif qui classe définitivement une comédienne.

On annonçait que, perdant pied et renonçant à la lutte, elle nous quittait et se préparait à jouer la comédie en Angleterre. Cette nouvelle — ce n'était pas une fausse nouvelle ! — inquiéta MM. Porel et Albert Guinon qui cherchaient une interprète pour *Décadence*. Vite Mlle Cerny renonça aux théâtres londoniens, signa un engagement avec le Vaudeville et gagna haut la main une partie singulièrement difficile. Jamais elle n'avait paru plus en possession de son talent : on l'acclama, on lui fit fête ; elle touchait enfin à ce grand succès après lequel elle courait depuis sa sortie du Conservatoire. Aujourd'hui, la victoire préparée par MM. Guinon et Porel est, aux Nouveautés, complète, indiscutable. Elle a su, dans la pièce de MM. Hennequin et Bilhaud, garder d'un bout à l'autre la note juste : elle a été sincère, elle a été vraie ; d'une jolie silhouette elle a fait un personnage de comédie ; elle a, merveilleusement soutenue par Noblet, campé un être vivant en chair et en os.

Et maintenant, ô ami de couloirs, comptez tous les rôles que créa ou reprit Mlle Cerny : vous constaterez qu'il n'est pas de comédienne plus méritante... Eh ! parbleu ! nous savions tous qu'elle avait du talent, et beaucoup de talent... Mais au théâtre, comme partout ailleurs, il faut que la Veine s'en mêle... Et voilà que, cette Veine aidant, Mlle Cerny nous prouve — ce dont nous nous doutions bien un peu — qu'elle est tout simplement une des premières comédiennes de Paris...

Novembre 1904.

DERRIÈRE LA TOILE

J'ai beaucoup connu Bernès, le régisseur général de la Comédie-Française mort l'autre semaine, et je m'en voudrais de ne pas lui rendre, à cette place, l'hommage que personnellement je lui dois.

Vous avez lu l'allocution toute vibrante d'émotion que M. Jules Claretie prononça sur sa tombe. On ne pouvait définir avec plus de justesse le rôle, en quelque sorte ignoré, du régisseur de théâtre...

Bernès eut, en effet, le rare mérite de remplir son devoir, et tout son devoir, sans phrases et en silence. Il occupait le plus difficile des postes, ce qui ne l'empêchait pas de se faire aimer et estimer : il était aimé par la simple raison qu'il savait changer les ordres en prières ; il était estimé parce que, se distinguant en cela de nombre de régisseurs, il avait le respect de la fonction qu'il exerçait. Eh oui ! le respect... Il est aujourd'hui si facile au régisseur adroit de trouver une combinaison lui permettant de modifier un spectacle et de se concilier les bonnes grâces de tel comédien important! Il est si facile au régisseur avisé, et sans que le directeur en sache rien, d'entamer des pourparlers discrets avec le fameux directeur du service des applaudissements!... On savait que Bernès méprisait ces marchandages et ne se commettait pas avec ces courtiers du succès.

A toutes ces qualités solides, Bernès en ajoutait une autre, précieuse entre toutes : l'amour de son métier... Il adorait son théâtre : le dernier couché et le premier levé, cela est vrai. Il arrivait avant tout le monde et il s'en allait après tout le monde; il commençait le spectacle et il le terminait; il en était, en quelque sorte, le premier et le dernier mot. Mais, alors que les régisseurs s'insurgent contre les exigences d'un travail aussi dur, Bernès, lui, accomplissait sa besogne le sourire aux lèvres; on sentait qu'il était heureux de vivre dans les coulisses, au milieu des acteurs et des actrices, sous l'austère regard du machiniste; jamais on ne l'entendait se plaindre; jamais non plus — ô douce exception! — il ne laissait tomber les conventionnelles paroles : « Ah! si j'avais seulement des rentes!... » Non! rien de tout cela... Bernès appartenait à cette catégorie de gens qui consentent à ne pas rougir de leur métier. Cette race, on le sait, tend de plus en plus à disparaître, même au théâtre, même chez nos comédiens, naguère si sincères, si confiants et si gobeurs!... Relisez, je vous le conseille, ce si joli article, qui n'est pas encore très vieux, dans lequel Maurice Donnay, répondant à une virulente attaque de Lucien Mühlfeld, trace le portrait de l'homme de théâtre modern-style. Celui-ci n'aime plus ni la comédie ni le drame; il repousse le vaudeville et bâille à l'opérette ; il s'installe tristement dans son fauteuil; il écoute la pièce d'un air las; de temps en temps il hausse les épaules ; rarement il daigne sourire et pendant les entr'actes il dénigre, il débine, il blague... Il faut avoir le courage de le dire : devant et derrière le rideau, ces écœurés deviennent aujourd'hui légion : spectateurs, auteurs, directeurs, acteurs, régisseurs, tous s'en mêlent ; la sincérité n'est plus de bon ton : elle devient — le mot est de Dumas — la plus démodée des vertus...

La Comédie-Française — et c'est, à mon sens, son honneur — compte encore nombre de très grands artistes et d'excellents serviteurs qui conservent cette vertu, qui aiment leur art, qui y croient et qui, tout naturellement, passent pour d'incorrigibles fonctionnaires. Est-ce tant pis? Est-ce tant mieux? Je crois, moi, que c'est tant mieux, et si je risque d'être de nouveau traité de vieille baderne par mon ami La Rampe et d'être spirituellement raillé par mon brillant confrère Nozière, c'est que je vis à l'œuvre tous ces collaborateurs anonymes dont le mérite reste insoupçonné... Je demandais il y a quelques mois où se trouvent, à Paris ou ailleurs, les artistes capables de jouer huit ou dix rôles différents en une seule semaine, et j'écrivais : « *la Jeune Comédie !...* » Je me trompais : c'est « *la Comédie* » qu'il fallait dire...

Bernès fut un de ces vaillants, un de ces sincères, et je n'oublierai pas, pour ma part, avec quelle activité discrète il prépara, dès la première heure, nos spectacles populaires dans les théâtres de faubourgs ; il nous aida à calmer bien des susceptibilités, à dissiper bien des malentendus, à vaincre bien des résistances. Nos *Trente Ans de Théâtre* perdent en ce brave et digne garçon un de leurs meilleurs collaborateurs.

* * *

Derrière la toile ! L'envers du théâtre ! Nos courriéristes, tous très bien informés, guettent les moindres actes de nos artistes, annoncent à grand bruit les tournées de nos étoiles, les procès de nos auteurs et le trust qui gronde à l'horizon. Complaisamment, ils dissertent sur les programmes de nos impresarii, tous pavés de bonnes intentions... Mais que de misères cachées et qu'on veut ignorer! Que de déceptions qu'on entrevoit et dont on se garde bien de chercher les causes! Que de navrantes confidences je reçu depuis trois ans!... Tantôt c'est une comédienne qui, après avoir remporté tous les triomphes, attend impatiemment la fin dans une petite chambre d'hôtel garnie où elle s'est enterrée vivante; tantôt c'est un compositeur, dont on ne compte plus les succès, qui, avec une effroyable mélancolie, s'écrie :

— A quoi bon maintenant? C'est fini!...

Ce sont là les paroles que murmurait, il y a quelques mois, notre pauvre camarade Gaston Serpette qui, lui aussi, vient de mourir.

Il soupirait, il marmottait ces mots : « A quoi bon? C'est fini!... » sur un ton de telle sincérité que nous ne savions que répondre...

Serpette avait pourtant connu toutes les joies du succès; il signa nombre de jolis ouvrages et, plus d'une fois, il rendit service à des jeunes confrères qui le priaient d'orchestrer leurs partitions. Bref, dans un genre difficile, à côté de Charles Lecocq, de Varney, d'Audran, il sut se créer une place spéciale; le public appréciait sa musique alerte, distinguée et personnelle; la critique vantait son érudition et rappelait volontiers qu'il avait été grand premier prix de Rome. Beaucoup de talent, quelque fortune, un peu de popularité et deux ou trois vrais amis, n'est-ce pas plus qu'il n'en faut pour goûter le parfait bonheur?

Et avec tout cela et malgré tout cela, Serpette ne fut pas tout à fait heureux. Son rêve — il ne le cachait pas — c'était d'être joué sur une de nos grandes scènes. Son regret, c'était de ne pas avoir eu, comme tant d'autres, un ballet à l'Opéra. Plus d'une fois, MM. Bertrand et Gailhard, qui le tenaient en haute estime, le pressentirent. Mais le malheur voulut qu'au moment même où il allait se mettre sérieusement à l'ouvrage et peut-être réaliser enfin le rêve de sa vie, Serpette fut victime du plus terrible des accidents. Il ne s'en releva jamais... On le croisait encore dans les couloirs de théâtre, mais ce n'était plus le même homme. Nous ne retrouvions plus le gai compagnon que nous avions connu autrefois à Croissy, chez Raoul Toché, et dont Ernest Blum nous donnait l'autre jour un si attrayant portrait... En le voyant ainsi désemparé, nous comprenions le « A quoi bon? »

Serpette ne remplit, comme tant d'autres, que la moitié de sa destinée... Il aura été un charmant musicien, alors qu'il aspirait à devenir un grand compositeur.

Pour le public, devant la toile, le succès, la joie!... Derrière le rideau, la vérité et le « A quoi bon? » du découragé!... Ainsi va la vie de théâtre, si souriante en apparence et parfois, hélas! si cruellement décevante...

Décembre 1904.

JEANNE GRANIER

Ici, à la Gaîté, reprise de *la Cigale et la Fourmi*, le joli opéra-comique d'Audran ; là, au milieu des triomphantes soirées du joyeux *La Palisse*, on intercale le gracieux *Petit Duc* de Lecocq, et Jeanne Granier, créatrice inoubliable de Thérèse et du duc de Parthenay, applaudit au succès de ses héritières, Mmes Simon-Girard et Jeanne Saulier, et s'écrie gaîment :

— *Le Petit Duc* ! *la Cigale et la Fourmi* ! *Barbe-Bleue* ! Demain, *la Vie parisienne* !... Mais c'est mon cycle !

Oui, un beau cycle, un double cycle de chanteuse et de comédienne... Et considérant la liste de ses rôles et la suite ininterrompue de ses victoires, je cherche vainement l'artiste qui, après avoir été l'idéale héroïne de Meilhac, Halévy et Offenbach, interpréterait avec autant de bonheur Henri Lavedan, Alfred Capus et Maurice Donnay... *Le Nouveau Jeu*, *le Vieux*

Marcheur, la Veine, les Deux Écoles, Amants! Quelle série!

— Voyez-vous, me contait un jour Meilhac qui adorait son interprète, celle-là a des ailes! Il y a beaucoup de comédiennes excellentes, pleines de talent, connaissant leur métier et tous les secrets de leur art, jouant bien et disant juste : il y en a même beaucoup plus qu'on ne croit. Mais on les compte celles qui ajoutent un grain de poésie à notre prose! Les ailes, entendez-moi bien, c'est le bleu, c'est je ne sais quoi d'indéfinissable que nous tentons de concevoir et que nous n'avons pas toujours le pouvoir de faire comprendre, par le seul motif que nous ne sommes que de pauvres fabricants de pièces... Remarquez que tous les sujets, les nôtres comme ceux des autres, se ressemblent. Le théâtre n'en comporte guère plus de deux ou trois, pas davantage. Qu'elle se nomme Boulotte ou Métella, qu'elle soit la Périchole ou la Petite Marquise, peu importe. L'essentiel, c'est que l'interprète indique que cet « autre chose » existe et se cache sous son personnage. Or Jeanne Granier égaye un rôle, elle lui imprime le mouvement, elle lui jette de la lumière, de la clarté, de la vie et aussi un tantinet de poésie... La poésie est-elle donc si incompatible avec le burlesque? Pensez-vous que dans *la Vie parisienne*, par exemple, notre seul but, à Halévy et à moi, ait été de présenter au public Gondremarck, Gardefeu, Bobinet, Métella et une compagnie de fantoches plus ou moins divertissants, s'escrimant à faire un peu d'esprit à travers l'étourdissante musique d'Offenbach? Oh! je sais... Il reste entendu que nous sommes d'irrévérencieux parodistes et d'audacieux blasphémateurs. Mais ce que nous cherchions à donner ici, c'est l'idée du boulevard, c'est l'idée des Champs-Élysées, l'idée du bois de Boulogne, l'idée de la fête, l'idée de la vie de Paris enfin!

Puis — la scène se passait chez une de nos aimables comédiennes qui pourrait en garantir l'authenticité — Meilhac se mit à nous dire, sans le moindre accompagnement au piano, la fameuse lettre de *la Périchole* :

> O mon cher amant, je te jure
> Que je t'aime de tout mon cœur;
> Mais, vrai, la misère est trop dure,
> Et nous avons trop de malheur!
> . . . .

Il ne la chanta pas, il la murmura, il la soupira, et jamais mieux que ce jour-là je ne compris tout ce que ce théâtre de Meilhac-Halévy-Offenbach cache de mélancolie souriante, de grâce capiteuse, de griserie discrète et de poésie ailée!... Comme l'un de nous, essuyant une petite larme, demandait à l'illustre récitant où se trouvait la parfaite Périchole :

— Je me garde bien, répondit-il, de juger mes interprètes et de les comparer les unes aux autres. Mauvaise méthode !... Je les aime toutes indistinctement, ce qu'on me reproche d'ailleurs bien un peu ! Mais vous l'avouerai-je ? La lettre de *la Périchole*, dite par Jeanne Granier, c'est peut-être ce que j'ai entendu de mieux au théâtre ! Que voulez-vous ? Granier a des ailes ! Quel dommage qu'elle n'ait pas chanté *Manon* et quelle *Carmen* elle nous eût donnée !...

Ce fut aussi, je crois, le regret de Jeanne Granier et je voudrais conter aujourd'hui comment je surpris son rêve.

*
* *

Jeanne Granier appartenait alors à la Renaissance. Elle venait de remporter dans l'opérette les plus mérités triomphes et le déjà nommé *Petit Duc*, joué durant toute une année, avait définitivement consacré sa jeune gloire. Je rédigeais à *la Liberté*, sous la grave surveillance de M. Gall, aux côtés de Victorin Joncières et de Paul Perret, des articles de théâtre. Je ne connaissais pas l'étoile naissante de la Renaissance : sans consulter le directeur du journal — le point est essentiel! — je la priai de me fixer un rendez-vous, désireux que j'étais de tracer sa biographie!... La biographie théâtrale, nul ne l'ignore, était et est encore aujourd'hui le passeport du débutant. A l'heure indiquée, j'étais là; je fis passer ma carte : le crayon à la main, en consciencieux biographe que je tâchai d'être, tel un courtier d'assurances, je passai en revue les meubles, les bronzes et surtout les portraits dont je transcrivis les flatteuses dédicaces. Pendant que je me livrais à ce petit travail, on chantait à l'étage supérieur. Évidemment on répétait, et je dois avouer que la répétition se prolongea quelque peu... Elle entra... Je cachai mes notes, et immédiatement, de la meilleure grâce du monde, elle me fit part de ses projets. Ses succès, elle voulait bien les mettre sur le compte de la bonne Fée, et cette bonne Fée répondait au nom d'Irma Granier, comédienne applaudie... Déjà la future Charlotte Lanier, l'étourdissante fleuriste de *la Veine*, croyait à cette petite horloge invisible, à cette heure, inconnue mais certaine, où les fruits doivent pousser sans qu'on les cultive : elle se fiait à la Destinée qui lui avait déjà offert tant de joies. Elle jetait ses confidences gentiment, sans manière, les agrémentant d'anecdotes spirituellement tournées... La jeune diva était installée dans un somptueux hôtel, mais j'ai idée qu'elle eût préféré aux gerbes de fleurs qui encombraient son riche salon le petit bouquet de violettes de deux sous...

Je me risquai à lui poser une question :

— Ne jouerez-vous jamais, mademoiselle, la Musette de *la Vie de bohème* ?

— Qui sait ?... Je répète *Ninetta*... Excusez-moi... Je vous quitte.

Elle voulut bien m'accompagner jusqu'au perron de l'escalier de l'hôtel, et je l'entends encore lancer dans un formidable éclat de rire :

— Musette! Vous avez raison! C'est mon vrai rôle! Quelle jolie pièce que *la Vie de bohème*! Ah! Murger!... Et Musset!...

Je rassemblai mes notes et adressai à *la Liberté* un article dithyrambique sur l'ensorcelante diva. A ma stupéfaction, il parut mot pour mot, sans une coupure. Mais le lendemain, le secrétaire de la rédaction m'invita à me rendre chez le directeur.

— Vous pouvez passer à la caisse, monsieur, fit M. Gall. Seulement, je vous préviens qu'à dater de ce jour vous voudrez bien porter vos articles enflammés autre part qu'ici... Notre journal se respecte trop pour insérer les lettres d'amour de ses rédacteurs...

Je courus, tout penaud, chez le caissier (deux sous

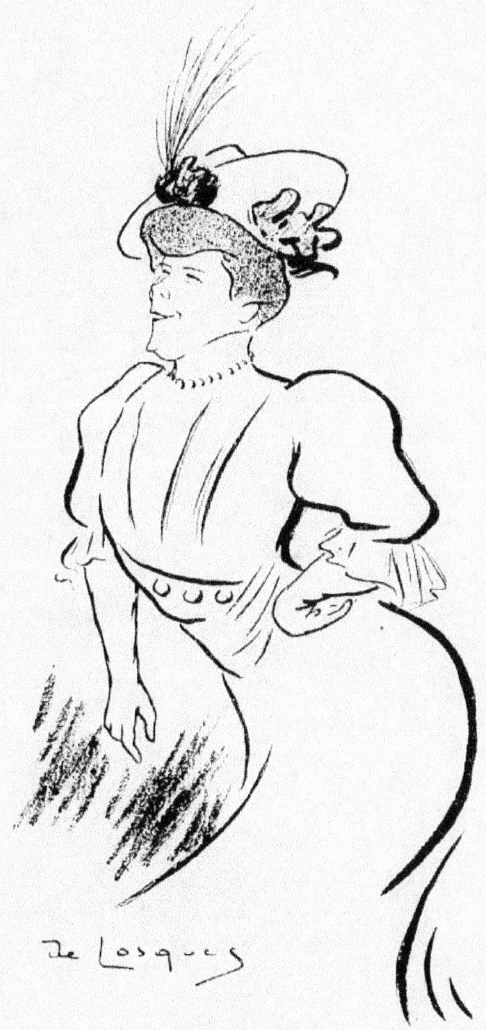

Mlle Jeanne Granier.

la ligne!) et ne contai à âme qui vive ma terrifiante histoire... Bien souvent j'eus le plaisir de me trouver chez l'Oncle le voisin de table de Jeanne Granier, et elle attestera que je ne cessai de lui témoigner la plus parfaite déférence...

Et voilà qu'aujourd'hui, reprenant mon article d'autrefois, pensant à Meilhac, à *la Périchole*, au *Petit Duc*, je constate que Musette a réalisé son rêve, qu'elle a dépassé les espérances du bon prophète et qu'au fond elle fit bien de se confier à sa petite étoile...

Le pauvre Meilhac avait raison : Jeanne Granier a des ailes!...

Décembre 1904.

SOCIÉTARIAT

Chaque année, vers la Noël, le Comité du Théâtre-Français juge s'il y a lieu de procéder à l'élection de nouveaux sociétaires, et presque tous les ans — rendons cette justice à nos honorables Parts-Entières — quelques nominations se font après une séance particulièrement agitée.

Dès le lendemain nous trouvons : d'un côté les états de service des jeunes promus, de l'autre les augmentations allouées à ceux qui n'ont pas encore la part suprême. Tout naturellement, on discute à perte de vue sur les avantages et les inconvénients du sociétariat. Les uns proclament que le sociétariat, s'il ne constitue pas une institution parfaite, assure du moins aux chefs-d'œuvre classiques et au répertoire moderne ce fameux « bon ensemble » qui n'est pas négligeable et reste, en tout cas, préférable aux interprétations d'où se détachent deux artistes, deux vedettes, deux étoiles. Les autres voient un danger dans la multiplicité même des sociétaires ; ils veulent que les véritables talents soient seuls admis à faire partie de la Compagnie ; ils exigent qu'après quatre ou cinq années de stage à la Comédie, le pensionnaire, dont le talent ne s'est pas affirmé, cherche un engagement sur une autre scène ; ils repoussent les Utilités à la Comédie et proclament qu'en les gardant on crée des situations toujours fausses, souvent imméritées et, par cela même, de fâcheux précédents.

Ces deux théories sont, cela n'est pas niable, fort admissibles. Puisque la Comédie, malgré ce qu'on dit, résiste à tous les départs, à tous les chocs, et poursuit sa marche victorieuse, le mieux est encore, à l'exemple de l'indulgent Chartier du triomphant Alfred Capus, de juger notre époque — car la Comédie fait partie de notre époque ! — fort habitable.

Voyez d'ailleurs comme tout s'arrange ! Un vieux sociétaire qui semblait devoir vivre cent ans, Talbot, meurt, et, juste à l'heure de cette disparition, on le emplace par une comédienne qui n'en a pas vingt. Voilà de l'excellente arithmétique.

*
* *

Le vieux Talbot, que nous avons beaucoup vu lorsque nous assistions, pour cinquante sous, aux admirables représentations du répertoire, fut un des privilégiés de la fortune. Il eut le bonheur de se trouver, lors de la retraite de l'illustre Provost, un des rares artistes capables de recueillir cet héritage. Thiron, qui se montra un comédien si merveilleux, n'entra que fort tard, on le sait, chez Molière, après un long stage à l'Odéon et aux Variétés... Barré, qui marqua à jamais le Chrysale des *Femmes savantes*, le Vanderck du *Mariage de Victorine* et du *Philosophe sans le savoir*, le Verdelet de *Poirier*, Fourchambault et tant d'autres rôles, ne gagna le sociétariat qu'après vingt-cinq années d'une laborieuse carrière. Talbot était donc, par droit d'ancienneté, maître de l'emploi des grimes, des financiers et des manteaux. Jouait-on *les Femmes savantes* ou *Tartuffe*. *l'Avare* ou *le Malade* ? On consultait le tableau de la troupe, et l'on se voyait dans l'obligation d'afficher Talbot. Un semainier, fort amateur du vieux répertoire, après avoir signalé ce singulier état de choses au Comité, rendit visite à Perrin et lui dit gaillardement :

— J'ai trouvé un moyen de tout concilier ! Seulement, vous n'allez pas me démolir ma combinaison, monsieur l'administrateur ?

— Dites toujours ! nous verrons après.

— Eh bien ! moi, semainier, j'afficherai dimanche *Tartuffe* et *les Femmes savantes* !

— Diable ! C'est beaucoup pour un seul homme, dix actes de Molière le même soir ! s'écria Perrin qui ne passa jamais pour un fanatique du répertoire.

— C'est peut-être beaucoup... Mais vous ne comptez pas les droits d'auteurs qui tombent d'un seul coup dans notre caisse sociale. Enfin, vous oubliez, monsieur l'administrateur, que si nous affichons Talbot dans Orgon, nous avons bien le droit de donner Chrysale soit à Thiron, soit à Barré. Ce n'est pourtant pas une soirée en l'honneur de Talbot que nous organisons !...

— Semainier ! vous avez raison !...

Perrin prit, bien entendu, à son compte cette ingénieuse idée et reçut de son Comité force félicitations. Puis, comme le semainier lui demandait pourquoi il n'avait pas été associé à ce succès :

— Pourquoi ? Mais, de votre part, c'eût été de la mauvaise camaraderie ! De la mienne, c'est de la bonne diplomatie...

Le tour était joué, et c'est ainsi qu'un adroit semainier aidant, nous vîmes moins souvent Talbot et plus souvent Thiron et Barré.

L'astucieux Perrin n'en fit jamais d'autres !...

Pauvre Talbot! Que de rôles il a joués! Que de vers il a débités! Il adorait son métier et ne se consola jamais d'être sociétaire retraité. Pour occuper ses loisirs, il organisait des leçons, des cours, et aussi des tournées; il promena Molière dans tous les coins du monde; il creusait Orgon, il fouillait Arnolphe, il entrait dans la peau d'Argan, son rôle de prédilection. Rêvant de redevenir comédien du Théâtre-Français, il confiait parfois son suprême espoir à ses camarades et, tristement, il leur disait :

— Venez donc me voir ce soir au Casino, dans un acte, un seul acte du *Malade*! Vous verrez! Vous direz à M. Claretie que je suis vraiment en progrès!

... Talbot comptait soixante-dix-neuf ans sonnés quand il laissait tomber ces charmantes et définitives paroles...

* * *

Retraites! C'est le chapitre final des budgets administratifs de fin d'année...

Pensez que Mlle Muller elle-même, si justement applaudie sous les traits de Marianne de *Tartuffe* et de *l'Avare*, d'Agnès de *l'École des Femmes*, de Cécile et de Rosette, veut quitter la scène! Oui, Mlle Muller, l'ingénue en chef du théâtre...

Ce que c'est que le théâtre! Quand Provost s'en va, la voie est libre... Le grime s'appelle Talbot et prend immédiatement l'héritage du disparu. Pour l'ingénue, c'est le contraire... L'attente est cruelle : durant de longues années, la devancière illustre, l'ingénue idéale, Suzanne Reichenberg, a retardé la réussite de l'héritière inquiète qui marque le pas... Puis, Mlle Muller elle-même veut, de guerre lasse, s'en aller : elle objecte que nos écrivains modernes ne font plus de rôles d'ingénues. Par bonheur, l'administrateur et le Comité n'acceptent pas une décision que rien d'ailleurs ne justifie.

Tandis que la gracieuse ingénue parle de départ, l'amoureuse entre, réalisant toutes les espérances.

Enfant de la balle, a-t-on dit, Mlle Marie-Thérèse Piérat. Fille et aussi petite-fille de comédienne. Sa mère, Mlle Alice Panot, appartint à l'Odéon sous la direction Porel; elle sortait du Conservatoire dotée d'un prix remporté dans une scène de l'aveugle *Valérie*, de Scribe. Alice Panot joua d'abord *Mademoiselle d'Argens*, une comédie de M. Henri Amic, et la *Claudie* de George Sand, que vient de s'annexer la Comédie. Ici et là, elle plut par sa grâce mélancolique, un jeu net et une diction impeccable. Avec un tout petit peu de chance, elle aurait pris une place brillante dans un théâtre d'ordre.

Mais les joies de la scène étaient, suivant Alice Panot, fort peu de chose. Elle ne vivait que pour sa petite fille Marie-Thérèse, une adorable gamine déjà terriblement jolie, et, maman et fillette, vous le devinez, avaient décidé que le mot *théâtre* ne serait jamais plus prononcé dans la famille. On sait ce que valent d'aussi audacieux serments ! A quinze ans, Marie-Thérèse se présentait au Conservatoire. Elle s'appelait Piérat. Elle dit sans manière, sans apprêt et, ce qui est mieux, sans ombre de métier, une scène de *Denise*. Sa maman, par une coquetterie bien naturelle, ne l'avait pas recommandée... L'élève allait même n'obtenir que six voix — il en fallait sept — lorsque de Féraudy, un des professeurs-jurés, déclara que la blonde Denise n'était autre que la fille d'Alice Panot.

Au second examen, en janvier, la jeune concurrente accusait des progrès tels qu'elle enlevait d'emblée le prix Provost-Ponsin réservé à l'élève de comédie donnant les plus sérieuses promesses. A la fin de la première année scolaire, elle gagnait, toujours à l'unanimité, le premier prix. Elle avait seize ans... Quelques mois au second Théâtre-Français, trois

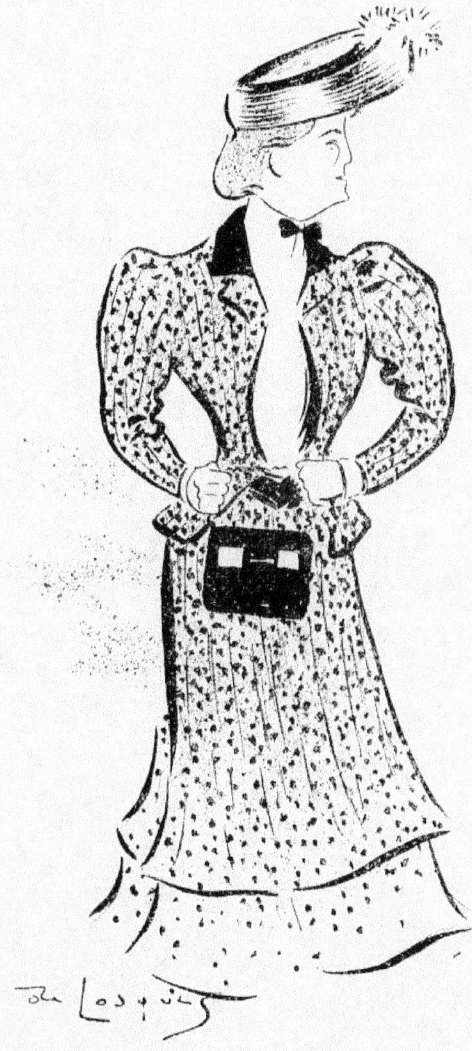

Mlle Piérat dans *Notre Jeunesse.*

retentissantes créations à la Comédie dans trois pièces nouvelles, et la petite Marie-Thérèse était proclamée sociétaire, encore à l'unanimité.

Une amoureuse aujourd'hui, demain une jeune première, après-demain un premier rôle... Tout cela est fort possible. La jeunesse, le talent, une nature, et par-dessus tout du charme, ne sont-ce pas, en somme, les meilleurs éléments du véritable succès? La route est donc maintenant toute tracée... Seuls les flatteurs inutiles, j'entends par là les amis trop pressés, pourraient en détourner la petite étoile naissante de la Comédie-Française...

Janvier 1905.

UNE LETTRE DE M. FRÉDÉRIC FEBVRE SUR « TARTUFFE »

On sait avec quel talent M. Frédéric Febvre tint, à la Comédie-Française, le rôle de Tartuffe.

L'éminent comédien a bien voulu, à propos de la représentation du chef-d'œuvre de Molière à la Gaîté, m'adresser la lettre suivante, que je me fais un vrai plaisir de donner aux lecteurs du *Figaro*.

Mon cher Bernheim,

Vous voulez bien me demander quelques lignes sur ce redoutable *Tartuffe* dans lequel mon grand camarade et ami Coquelin vient de réussir si brillamment... Et, quel que soit mon désir de vous être agréable, me voilà repris de la même émotion que lorsque j'avais le périlleux honneur de jouer ce rôle sur la scène de cette grande et noble maison dont j'ai eu l'honneur d'être le respectueux serviteur.

Que vous écrire?... Après tant d'encre répandue, tant de controverses sur cette œuvre magistrale où la pensée la volonté de l'auteur semble si précise, si nette, et dont l'œuvre ne devient obscure que lorsqu'on s'aventure à la conférencier ?

Je me souviens que, très troublé à la seule pensée de me faufiler dans la simili-soutanelle de l'Imposteur, j'allai demander quelques conseils à la grande artiste, trop tôt disparue, à Mme Arnould-Plessy, et voici sa consultation :

« Mon cher enfant, me dit-elle, ne perdez pas de vue ceci : plus Tartuffe est enveloppant, plus il a de grâces félines, plus son charme est redoutable et plus Elmire a de vertu ! Un homme qui, dans la scène du troisième acte, s'exprime dans cette langue, pourrait, s'il était dans les ordres, rêver à la pourpre ... *cardinalesque*... Enfin, et pour me résumer, je préfère qu'il exhale un parfum d'encens plutôt qu'être incommodé par les relents du fameux gigot en hachis. »

Je ne discute pas ici, mon cher Bernheim, le bien fondé des théories de l'inoubliable artiste. Je me souviens et me borne à traduire sa pensée, ses conceptions.

En remontant le cours de mes souvenirs, je retrouve la trace d'une certaine reprise de *Tartuffe* qui fit plus de bruit que d'argent, et que tenta Fechter, l'idéal Armand Duval de *la Dame aux camélias*, alors qu'il était co-directeur de l'Odéon avec La Rounat. C'était le 3 octobre 1857.

La distribution était intéressante. En relisant le programme, je constate mélancoliquement que je suis le seul survivant de cette pléiade d'artistes dont la succession de quelques-uns est demeurée vacante.

Tartuffe	MM. Fechter
Cléante	Tisserant
Orgon	Saint-Léon
Valère	Armand
Damis	Frédéric Febvre
Loyal	Fréville
L'exempt	Lauthe
Elmire	Mmes Periga
Mme Pernelle	Boudeville
Dorine	Thierret, du Palais-Royal (engagée spécialement)
Marianne	Anaïs Mosé

Fechter, trop amoureux du réalisme, avait essayé de mettre en scène *Tartuffe*...

De cette tentative très discutée, je ne veux retenir qu'une chose très défendable. Tenant compte des *édits somptuaires*, édictés par le Grand Roi, interdisant aux bourgeois l'usage du velours, de la soie et des dentelles, Fechter avait voulu que la famille Orgon fût vêtue de laine, de drap ou de droguet. Seul, Valère, qui va à la Cour, portait un riche ajustement.

Dans cette soirée du 3 octobre 1857, Mme Thierret était l'artiste la plus impatiemment attendue du public. Elle y eut un légitime succès. Donnant à ce personnage de Dorine le véritable aspect qu'il comporte, ayant cette qualité maîtresse : l'âge de son rôle, et l'autorité que ne saurait avoir une jeune soubrette, ignorante du côté pratique de la vie, et qui, n'ayant pas élevé les enfants d'Orgon, ne se permettrait pas les privautés de langage qui lui sont coutumières.

Par respect pour la mémoire d'un grand artiste épris d'art et de vérité, je passe sous silence la malencontreuse idée du verre de vin que Fechter buvait à la fin du troisième acte, après avoir laissé sortir Orgon au lieu de le précéder, ce qui était une erreur d'autant plus regrettable que ce jeu de scène muet constituait une sorte d'aparté, de monologue, toutes choses évitées par Molière avec un soin jaloux.

En outre, Fechter, dont les traits étaient d'un dessin expressif et charmant, avait cru devoir s'enlaidir pour jouer ce Tartuffe, dont l'oreille peut être rouge et le teint bien fleuri sans pousser jusqu'aux bourgeons.

La tradition, qu'il ne faut pas confondre avec la routine, a perpétué beaucoup de choses dont quelques-unes auraient à juste titre le droit de déconcerter lui-même l'immortel auteur du *Misanthrope*.

Ce qui n'aura pas manqué à ce rôle de Tartuffe, c'est sans contredit la variété d'aspect de ses nombreux interprètes. J'en ai vu de sinistres, de réjouissants, de papelards, de diaphanes, de confortables, de trop pressants, de trop pressés. Toute la lyre !... Et je me demande encore comment une *unité* peut donner matière à tant de *divisions*.

Quant au meilleur, il m'a paru que c'était toujours le dernier en possession du rôle qui semblait avoir raison. Ce qui me remet en mémoire la réponse que me fit un soir, au foyer de la Comédie, le sceptique auteur du *Domino noir*, à qui je demandais quelle serait la musique de l'avenir :

— La musique de l'avenir? fit Auber après avoir

réfléchi... Mais ce sera celle qu'on jouera le plus longtemps!

En vous serrant affectueusement la main, mon cher Bernheim, je vous laisse le soin de conclure...

Frédéric Febvre,
Ex-vice-doyen de la Comédie-Française.

Je ne puis aujourd'hui — et pour cause d'indisposition, dirait l'affiche — que remercier mon ami Frédéric Febvre d'avoir si galamment conté ces gracieuses anecdotes du temps passé.

La vérité est que le rôle de Tartuffe ne peut être classé et ne relève d'aucun emploi.

Nos anciens y ont applaudi Geffroy, le terrible don Salluste de *Ruy Blas*, et Leroux, le sombre Leroux du *Joueur*... J'y ai vu, pour ma part, Bressant, Febvre, Coquelin aîné, Coquelin cadet, Worms, Silvain, Got, Adolphe Dupuis, Dupont-Vernon, Chelles, Albert Lambert... Les premiers rôles et les premiers comiques, les grands amoureux et les jeunes premiers, les tragédiens et les comédiens, tous ont été séduits par ce rôle redoutable mais beau, difficile mais sûr, qui comporte tant d'aspects différents et qui, toujours et partout (l'expérience en a été faite dans nos théâtres de faubourgs), empoigne si profondément tous les publics.

Ne sera-ce pas toujours la même chose? Aujourd'hui, tandis que M. Coquelin triomphe à la Gaîté dans ce même Tartuffe, un des meilleurs artistes de ce temps, M. Worms, fait sur la pièce une conférence à l'Odéon... Tout à l'heure, M. Antoine lui-même nous présentera une restitution du chef-d'œuvre avec une interprétation et une mise en scène nouvelles. MM. Guitry, Tarride, Lérand, André Calmettes, tous les artistes ayant passé par l'École ont rêvé, rêvent ou rêveront de tenter l'aventure... Un autre comédien de tout premier ordre, M. Huguenet, lorsqu'il s'agit de son engagement à la Comédie-Française, ne demandait-il pas de faire dans *Tartuffe* un de ses trois débuts réglementaires ?

Ce joli mot d'Auber que rapporte Frédéric Febvre me remet en mémoire une des boutades favorites de Sarcey :

— Le Tartuffe parfait, idéal ? Nul ne le saura jamais, par la seule raison que le seul mortel qui pourrait répondre à cette inextricable question n'est plus de ce monde !... Ce seul homme, c'est tout bonnement Molière lui-même !...

Janvier 1905.

GRANDS PREMIERS PRIX DE ROME

On parle beaucoup de la Villa Médicis, et le nouveau directeur, M. Carolus-Duran, dont la nomination a été accueillie avec tant de sympathie, répond complaisamment aux reporters qui l'interrogent sur ses projets :

— Qu'on me donne les crédits !... On verra !

Ce fut l'invariable réponse que faisait naguère mon pauvre ami Léopold Crost, emporté il y a quelques mois par un mal foudroyant... Pauvre Crost ! Son nom n'était guère connu du public. Et pourtant, que de services il rendit aux artistes ! Il était chef du bureau de l'enseignement au ministère des Beaux-Arts. Succédant dans ces fonctions à M. Jules Comte, nommé directeur des bâtiments civils et des palais nationaux, il tint à honneur de réorganiser, ou plutôt de mettre debout, les écoles de province, et tous ceux qui le virent à l'œuvre apprécièrent sa rare intelligence et son ardeur au travail... Notre ami Gustave

Ollendorff, grand amateur de plaisanteries macabres, lui dit un jour devant moi :

— Écoute, Crost ! Tu ressembles vraiment trop à Cassagnac !... Je te parie que tu mourras le même jour que lui !

— Je ne parie jamais, fit Crost en colère et fort ému par cette extraordinaire prophétie, mais sois sûr que tu mourras avant Cassagnac !... Bernheim nous enterrera tous les deux !...

— Ce n'est que juste, répondis-je timidement, puisque vous êtes mes aînés.

Hélas ! ils ne disaient que trop vrai, mes deux chers camarades de jeunesse. Gustave Ollendorff partit le premier et, suivant sa prédiction, Crost mourut, sinon le même jour, du moins la même année que son sosie Paul de Cassagnac.

L'Académie de France, l'École des Beaux-Arts, les prix de Rome, les arts décoratifs, les écoles de dessin, que de dossiers Crost prépara, fouilla, entassa pendant vingt années sur ces redoutables questions ! Mais c'était surtout — son intime ami, le maître graveur M. Chaplin, l'affirmerait — l'École de Rome qui le préoccupait... Un jour que nous parlions théâtre, il me développa tout un projet de réorganisation concernant les prix de Rome... Connaissant son excessive susceptibilité, je me gardai bien de lui présenter une seule objection.

— Alors, s'écria-t-il bondissant, vous jugez mon plan irréalisable?

— Je ne dis pas cela... Mais pour la section musicale, tant qu'un peintre...

— Un peintre?... interrompit-il. Mais c'est un administrateur qu'il faut!

Au fond, Crost rêvait de diriger l'École de Rome. Nul, en effet, n'en connaissait mieux les rouages, et je crois qu'il était homme à mettre en pratique les mille réformes qui trottaient dans son cerveau d'administrateur.

N'empêche que la section musicale — j'ose persister dans mon erreur — nous donne encore des résultats excellents.

* * *

Excellents! Examinez plutôt la longue liste de nos grands prix de Rome et vous y trouverez inscrits en lettres d'or les noms de tous nos jeunes musiciens, et, parmi ces noms, ceux des deux triomphateurs de la semaine, M. Gabriel Pierné, l'auteur de cette délicieuse *Croisade des Enfants*, et M. Georges Marty, le savant musicien de la jolie *Daria*. Tous deux gagnaient en 1882 — vingt-trois ans ! — le grand premier prix de Rome, ensemble, *ex æquo*...

— *Ex æquo*, non ! me répondait gentiment, l'autre soir, Gabriel Pierné sur la scène de l'Opéra. Non ! Marty a été nommé le premier... Et Paul Vidal qui, aujourd'hui, se trouve être un des organisateurs de la victoire de *Daria*, fut grand prix de Rome l'année suivante... Vous voyez que notre section musicale ne se comportait pas si mal et que les réformes ne sont pas tellement urgentes...

Gabriel Pierné était lancé... Il me raconta alors, fort spirituellement, passant d'un sujet à un autre et accumulant les anecdotes, toute son histoire qui n'est pas encore bien longue, puisqu'elle n'a que vingt-deux ans... Ses envois de Rome joués, selon l'usage, au Conservatoire ; son *Collier de Saphir*, représenté au Nouveau-Théâtre ; son *Docteur Blanc*, qu'interprétèrent les sœurs Pepa et Lota Invernizzi ; *Bouton d'or*, une exquise opérette enlevée à ravir par Louis Decori, superbe toréador, et Barral, étonnant maître de ballet... Après *Bouton d'or*, deux fois centenaire, Gabriel Pierné aborde la musique de scène : il collabore à l'*Izeyl*, d'Armand Silvestre et Eugène Morand, à *la Samaritaine* et à *la Princesse lointaine*, d'Edmond Rostand, à la *Francesca de Rimini*, celle-ci ayant pour librettiste Marcel Schwob, le futur auteur de *la Croisade des Enfants*. Entre temps, il fait acclamer aux concerts de l'Opéra *la Nuit de Noël*; il gagne deux fois, à l'Institut, le prix Monbinne avec *l'An Mil* et la jolie *Fille de Tabarin* représentée à l'Opéra-Comique, sous la direction Albert Carré.

J'en passe sans doute... Mais un tel bagage n'est-il pas fait pour satisfaire les éternels mécontents qui, pestant indistinctement contre nos écoles, nos musées, nos théâtres, donnent au nouveau directeur de la Villa Médicis de formelles instructions?... Oublient-ils donc, ces sévères réformateurs, que Gabriel Pierné, en même temps qu'il nous montrait son talent de compositeur gracieux et clair, obtenait comme chef d'orchestre un succès tout à fait mérité? Je le vois encore monter au pupitre des Concerts-Colonne... Il mourait de peur, car il remplaçait notre célèbre *capellmeister* parti pour quelques semaines à l'étranger et portant là-bas le fameux rayon de France... Gabriel Pierné n'est pas encore installé sur l'estrade que ses fidèles camarades de l'Association Colonne lui font une formidable ovation que le public s'empresse d'approuver... Ce double succès l'encourage. Il devient alors le lieutenant en chef d'Édouard Colonne, et celui-ci lui offre galamment la

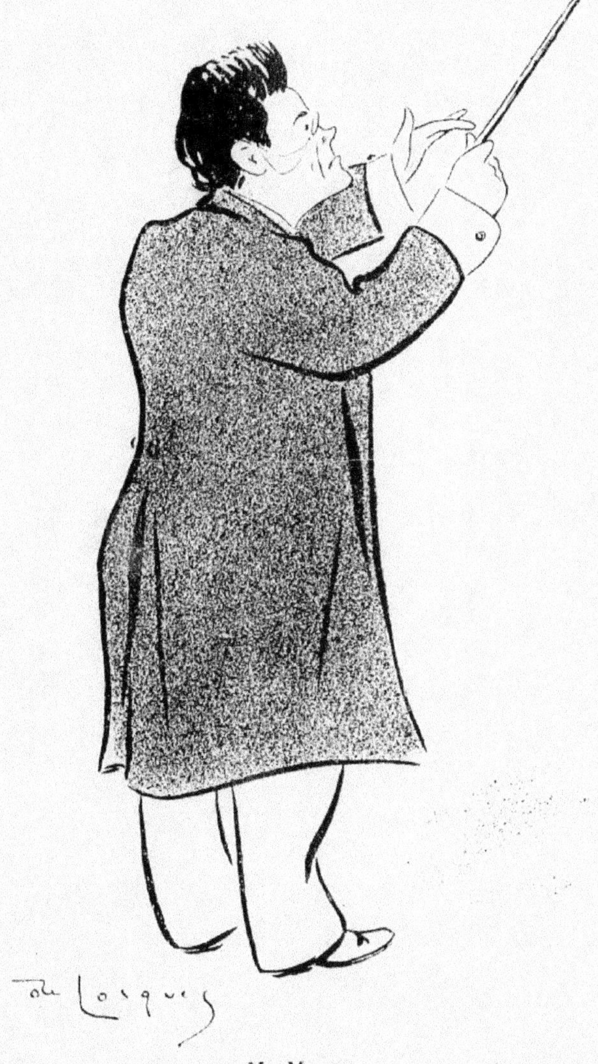

M. Marty.

plus belle des récompenses : en quelques semaines, aidé par le Conseil municipal et le distingué président de la Commission des théâtres, M. Chautard, il monte cette *Croisade des Enfants* qui est peut-être l'œuvre la plus complète de notre grand prix de Rome de 1882.

Gabriel Pierné musicien et chef d'orchestre, voilà qui ne déshonore pas notre Villa Médicis, je pense !

* * *

Les espérances qu'on fondait sur l'autre grand prix de Rome de 1882, M. Georges Marty, n'ont-elles pas été de tous points réalisées ? Rappellerai-je, avec *Daria*, *Merlin l'Enchanteur*, un des meilleurs envois de Rome, et *le Duc de Ferrare* que le théâtre lyrique de la Renaissance eut l'honneur de produire ? Ajouterai-je que, trouvant trop peu de temps pour donner libre cours à son talent de musicien, Georges Marty, distingué par les deux directeurs de nos scènes d'État, tint d'abord à l'Opéra l'emploi de chef de chant, ensuite à l'Opéra-Comique celui de chef d'orchestre, et se voit appelé à recueillir la lourde succession de M. Taffanel à la Société des Concerts ? Comme son *ex æquo* de 1882 chez M. Ed. Colonne, il est porté au pupitre, et les terribles abonnés des Concerts du Conservatoire ratifient cette réussite... Professeur et excellent professeur des classes d'ensemble, il devient, à la mort de Samuel Rousseau, titulaire du cours d'harmonie.

Gabriel Pierné musicien et chef d'orchestre... Georges Marty chef d'orchestre et musicien...

Ah ! je sais tous les arguments que présentent les adversaires de la Villa Médicis et je n'ai nulle qualité pour traiter la question! Je voudrais tout de même évoquer ici un souvenir personnel.

En 1900, alors que je visitai les grands théâtres et plus particulièrement les *Volkstheater* — théâtres populaires — d'Allemagne et d'Autriche, je reçus un jour la visite de M. Buckowitz, un des plus anciens directeurs de Vienne. Cet aimable impresario qui, ayant passé plusieurs années à Paris, parlait fort élégamment le français, voulut bien m'expliquer le fonctionnement des théâtres allemands et autrichiens, le roulement des subventions, le système des réserves des cassettes impériales, et termina par ces mots :

— Malgré notre discipline théâtrale (car nos théâtres ne sont que des écoles du soir), vous gardez l'avantage! Et puis, vous possédez cette admirable Villa

Médicis, et je crois bien que c'est là une institution unique au monde!

Bonnes et réconfortantes paroles, que je rapportai à mon pauvre ami Crost, et que je livre aujourd'hui aux mécontents...

Février 1905.

A MADAME ROSE CARON

Vous venez, madame, de remporter dans *Orphée* un de vos plus éclatants succès ; je dirais le plus éclatant, si je ne craignais d'affliger notre cher Ernest Reyer qui proclame qu'il n'y aura jamais qu'une Salammbô, qu'une Brunehilde ! Vous resterez, en effet, l'héroïne rêvée de ces admirables épopées, et celles-là mêmes qui vous succédèrent en ces rôles s'inclinent, pleines d'une admiration sincère, devant la créatrice.

Un soir, vous répétiez à l'Opéra, en 1895 si j'ai bonne mémoire, avec M. Van Dyck, M. Delmas, M. Renaud et Mlle Bréval, celle-ci chantant Vénus, l'Elisabeth de *Tannhauser*. Tous tâtonnaient, accompagnés au piano et ne sachant pas encore leurs rôles ; l'aimable Bertrand écoutait, rêvant, sommeillant à demi, et M. Gailhard, se faisant à la fois chef des chœurs et de l'orchestre, machiniste et électricien, jouait et chantait tous les personnages. Ce travail terminé, vous aviez demandé de chanter toute seule la prière d'Elisabeth. Directeur et artistes avaient déjà — il était minuit et demi — gagné la sortie ; par bonheur le pianiste restait là et j'eus l'indiscrétion de faire comme lui... Alors, avec un sentiment inexprimable, vous avez soupiré cette prière... L'avez-vous dite, mimée ou chantée? Je ne sais plus au juste, mais pour ma part (je me suis permis de vous rappeler plus d'une fois cette scène à trois personnages) jamais je n'entendis rien de plus complètement, de plus parfaitement, de plus purement beau. Vous n'aviez pas revêtu le traditionnel costume d'Elisabeth et vous étiez en toilette de ville : le décor manquait, la salle se trouvait vide ; les housses grises, suivant l'usage, recouvraient les fauteuils rouges et une toute petite lampe éclairait le pianiste Kœnig, lequel fondait en larmes... Et cela fut vraiment une chose unique... Je me contentai de vous balbutier quelques stupides compliments et je quittai le théâtre, pleurant à l'exemple du brave Kœnig... J'avais bien, l'année précédente, assisté, à Bayreuth, à une magnifique représentation de ce même *Tannhauser*, alors merveilleusement monté, chanté et éclairé, mais rien au monde ne valait la prière, votre prière... Et voilà comment, madame, je ne puis aujourd'hui entendre ce troisième acte de *Tannhauser*, le délicieux chœur des pèlerins, l'émouvant retour de Rome et cette prière d'Elisabeth sans songer au pauvre Kœnig qui n'est plus, à vous surtout, l'Elisabeth d'autrefois !...

Vous l'avouerai-je ? j'ai retrouvé, l'autre soir, dans *Orphée*, à l'Opéra-Comique, l'Elisabeth de *Tannhauser*... Seulement la salle était bondée, les décors plus gracieux les uns que les autres ; les spectateurs vous acclamaient. Celui-ci, vieil habitué du théâtre, se promenait dans les couloirs, affirmant que, depuis la célèbre Mme Viardot, le rôle d'Orphée ne trouva pareille interprète. Celui-là, jeune abonné de la salle Favart, reprenait sur un ton d'autorité : « Quelle impression d'art, monsieur ! » Quant à moi, j'aurais donné beaucoup pour qu'il n'y eût ni décors, ni orchestre, ni spectateurs... Un piano, un Kœnig, vous et moi... Mais je sens bien que je demandais beaucoup trop...

Tannhauser ! Elisabeth ! dix années ! On était tout à Wagner... La *Valkyrie*, durant quarante représentations consécutives, venait de faire le gros maximum, et nos *valkyristes* de redire : « Si vous cherchez la poésie, lisez Gœthe ; si vous voulez la musique, écoutez Beethoven ; si le drame vous attire, allez à Wagner ! » Carvalho, réinstallé à l'Opéra-Comique, déclarait qu'il fallait laisser passer l'orage, qu'on reviendrait à Marinette et à Marton, et qu'en fin de compte le joli bonnet de la soubrette de France vaut bien le casque de la tragédienne d'outre-Rhin...

Le valkyriste allait trop à gauche, Carvalho trop à droite, et ce fut le *gluckiste* qui se chargea de remettre tout en place...

Mais ici encore, madame, vous étiez là, et c'est vous la première qui, aux Concerts de l'Opéra et du Conservatoire, rendîtes son rang à Gluck en chantant, avec l'incomparable Delmas, une scène d'*Alceste*... Bertrand, gluckiste forcené, dans un accès d'enthousiasme, laissa tomber ces paroles directoriales :

— Voilà au moins de la grande musique, facile à comprendre et à chanter !

— Grande, certes, reprit M. Gailhard ; facile à comprendre, je le veux bien, mais commode à chanter, ça c'est une autre affaire !

On a fait pas mal de chemin depuis cette époque. Gluck a décidément supplanté Wagner ; le directeur de l'Opéra-Comique a repris *Alceste*, *Iphigénie* et *Orphée*, et celui de l'Opéra, tenant les promesses de ses prédécesseurs, remet à la scène *Armide*. Reste à savoir, et c'est une question que je puis bien vous poser à vous, madame, triomphante interprète d'*Orphée*, si M. Gailhard, indiquant les difficultés d'exécution du répertoire de Gluck, ne voyait pas infiniment plus juste que son associé...

Je me souviens — encore un souvenir! — que lors de votre nomination de professeur au Conservatoire, vous fîtes à quelques privilégiés, dont j'étais, l'honneur et le plaisir d'exposer vos idées sur l'enseignement du chant. Vous ne rougissiez pas — l'abonné chercheur d'impressions d'art tremblera d'épouvante ! — d'avoir débuté dans Alice de *Robert le Diable*, d'avoir chanté *la Juive*, *Faust* et *les Huguenots*. Vous nous expliquiez même fort clairement, avec un rare bonheur d'expressions, que, pour bien chanter Gluck et Mozart, il faut avoir étudié Meyerbeer, Rossini et Verdi ; vous ajoutiez que l'interprétation de l'Elisabeth déjà nommée était un jeu et que vous-même, si rompue pourtant à tous les répertoires, vous vous étiez tardivement frottée — je cite votre terme — à Gluck.

Cette musique, selon vous, est difficile pour l'interprète, par la seule raison qu'elle est d'une simplicité sans égale. Vous jugez dangereux d'imposer à de jeunes élèves, qui ne connaissent pas encore leur alphabet musical, une scène d'*Orphée* ou d'*Alceste* ;

vous ne voulez pas qu'on abuse des « divinités du Styx » dont nous accablent les concurrentes de première et de seconde grandeur. Bref, respectueuse des vieilles traditions classiques, traditionaliste fidèle, vous ne méconnaissez point les vertus de l'ancienne école et les douceurs de cette musique italienne — musique de table, écrivait Wagner — aujourd'hui si méprisée ; vous refusez à l'élève le droit de faire de la déclamation lyrique, autrement dit de chanter Wagner, avant d'avoir épelé ses lettres... Il faut bien croire que votre avis est bon à suivre puisqu'aujourd'hui, après deux années seulement de professorat, votre classe du Conservatoire compte parmi les meilleures et les plus recherchées.

Exigez-vous, pour cela, que l'acteur, lorsqu'il est en scène, parle devant le trou du souffleur, toujours à la même place, suivant la vieille convention ? Là vous réprouvez la routine qui n'a rien à voir avec la tradition, et vous vous déclarez l'adversaire résolue, irréductible, de certaines mises en scène. Vous donnez d'ailleurs l'exemple, et quel exemple ! Sans chercher l'effet, sans procédé, par la simplicité seule du geste, du jeu, de la diction, vous élargissez et grandissez tous les rôles, et ressuscitez ainsi la grande tragédie...

« Aucune actrice mieux que Rachel, disait

Théophile Gautier, ne rend les expressions synthétiques de la passion humaine personnifiées par la tragédie sous l'apparence de dieux, de héros, de rois, de princes et de princesses, comme pour mieux les éloigner de la réalité vulgaire et du détail prosaïque. Elle est belle, grande, noble et mâle comme l'art grec qu'elle représente à travers la tragédie française. »

Prenez pour vous, madame, ces belles paroles, et puisqu'il ne vous suffit plus de créer des rôles et d'idéaliser les personnages des temps passés, enseignez à ces jeunes gens, qui déjà vous font honneur, l'art de dire. Apprenez-leur que de toutes les qualités de théâtre, de toutes les vertus de l'artiste, la première reste le style...

... Vous voudrez bien m'excuser si j'ai indiqué vos idées sur l'enseignement musical et insisté plus qu'il ne convenait sur votre *traditionalisme*... Mais vous vous rappellerez qu'il y a deux ans, alors qu'on vous incitait à abandonner le théâtre, votre entrée au Conservatoire fut saluée ici même avec enthousiasme. Que ne contait-on pas alors sur le professorat des femmes! On invoquait les précédents, on craignait que le maître de chant ne portât préjudice à l'artiste.

Aujourd'hui, au lendemain même de la triomphale

soirée d'*Orphée*, il n'était pas inutile de constater que vous faites, madame, une belle exception à la règle et trouvez le moyen, vous devenue excellent professeur de chant en notre glorieux Conservatoire, de rester la première de nos tragédiennes lyriques...

Février 1905.

LES GROS MOTS AU THÉATRE

Dans un de ses derniers feuilletons, notre ami Adolphe Brisson protestait contre l'emploi des gros mots au théâtre. Avec beaucoup d'à-propos, notre aimable confrère Quisait nous donne sur la question soulevée par le distingué critique du *Temps* une consultation curieuse.

Vous pensez bien que les auteurs dramatiques proclament tous unanimement qu'il faut combattre les gros mots. C'est grâce à cette même unanimité que fut décrétée, il y a trois ans, la suppression des répétitions générales, puis le rétablissement, pour ainsi dire immédiat, de ces mêmes répétitions.

Les auteurs sont donc d'accord sur le principe. M. Tristan Bernard croit que le « Ah ! la rosse ! » bien placé soutient mieux une scène que le « pendard » ou le « peste de la carogne ! » de Molière. M. Alexandre Bisson veut qu'on frappe juste sans frapper trop fort. M. Georges Feydeau estime que le public ne s'offusque jamais, du moment que le gros mot reste en situation. M. Romain Coolus, qui fut accusé, dans ses spirituels *Amants de Sazy*, et, plus récemment, dans sa savoureuse *Petite Peste!* d'avoir abusé de l'argot parisien, se défend en rappelant qu'*Antoinette Sabrier* et *l'Enfant malade* le justifient suffisamment auprès des spectateurs ; il déclare qu'un écrivain a le droit de porter à la scène tous les personnages lui semblant dignes d'examen. M. Henry Bataille objecte, non sans esprit, qu'il n'y a pas de gros mots, mais seulement de gros auteurs et de gros acteurs. M. Albert Guinon exprime le vœu qu'une ligne de démarcation infranchissable soit établie entre la comédie et la dramaturgie, entre les écrivains de théâtres et les ressemeleurs de pièces-commandes. Quant à M. Lucien Descaves, c'est lui qui se charge de résumer fort judicieusement le débat ; il n'admet pas qu'on invoque à tout bout de champ le prétendu respect dû au spectateur ; il repousse cette convention et trouve singulière la susceptibilité de l'auditeur qui s'émeut aux gros mots de théâtre et ne bronche pas aux stupéfiantes gaudrioles du café-concert.

*
* *

Voilà bien des opinions, toutes nettement formulées, toutes excellentes sans doute.

Mais l'important, l'essentiel, est de savoir où commence, où finit cette ligne de démarcation réclamée par l'auteur de *Décadence* et où sont les gros auteurs dont parle le subtil écrivain de *Maman Colibri*. Or, vous savez déjà que le plus gros auteur du monde, j'entends par là le fabricant pour cafés-concerts, ne s'incline pas devant cette démarcation. Il vous conte, preuves à l'appui, que jamais le concert ne fut plus honoré, plus suivi ; il vous énumère les raisons pour lesquelles le music-hall triomphe et il en conclut que les deux genres, le théâtre et le concert, par la seule volonté du public, se confondent comme à plaisir puisqu'ici et là on joue de grandes pièces à décors et à costumes, de jolis ballets, de sémillantes revues, et aussi parfois de somptueuses féeries. D'où la séparation du théâtre et du concert devenue impossible.

L'argument du gros auteur de concert, tout spécieux qu'il paraisse, a quelque valeur. Il est clair, en effet, que les concerts et autres lieux analogues prennent chaque jour une plus grande importance. A qui la faute, si ce n'est aux auteurs eux-mêmes, j'entends par là aux auteurs de théâtre, aux vrais écrivains qui autorisent les impresarii de rencontre et les loueurs de théâtricules (je ne parle pas ici, bien entendu, des très utiles théâtres de quartiers) à monter indistinctement toutes leurs pièces, anciennes et nouvelles?.. Je ne voudrais désobliger personne, mais comment un auteur joué, connu, arrivé, ne comprend-il pas qu'il se fait ainsi à lui-même la plus lourde des concurrences? Le spectateur peut aujourd'hui, moyennant la somme maxima de deux francs, et avec la faculté de *boire* et de *fumer*, applaudir, en plein Paris, la plupart des pièces qui appartenaient autrefois de façon exclusive aux théâtres classés, aux scènes de genre et du boulevard. Je sais un directeur de théâtre qui, il y a quelques semaines, s'apprêtait à remonter une des plus délicieuses comédies du théâtre moderne, lorsqu'il s'aperçut que cette pièce se jouait régulièrement chaque soir, chaque après-midi, dans un établissement voisin, et à prix extrêmement réduits.

Certes, on ne demande pas qu'on rétablisse le sévère et impérial règlement de police qui consistait à imposer aux cafés-concerts un décor unique ; mais on voudrait qu'auteurs et directeurs se rendissent un compte plus exact de la situation qu'ils ont eux-mêmes créée.

Il n'y a pas, les recettes quotidiennes l'attestent, de crise théâtrale ; ce sont là de mauvais arguments qu'emploient les tenanciers aux abois : disons seulement que le théâtre et le concert ne font plus qu'un. Quoi d'étonnant alors à ce que le public qui paye — il compte pourtant bien un peu, celui-là, et mérite quelques égards ! — confonde la brutalité avec la hardiesse, la grossièreté avec la gaîté, le métier du marchand avec l'art de l'écrivain ?

*
* *

Les gros mots au théâtre ! Mais il n'y a pas, en réalité, de gros mots. Molière — sachons gré à M. Alfred Capus d'avoir insisté sur ce point et placé la question sur son vrai terrain — a usé de mots, et de très gros mots dont n'oserait pas se servir un auteur du XXe siècle : et cependant, Molière ne blesse personne, à l'exception des farouches mardistes de la Comédie. Émile Perrin, administrateur de la grande Maison, supprimait — le mardi du moins — certains vers de l'Arnolphe de *l'École des femmes* ou de l'Alcmène d'*Amphitryon* : il n'autorisait pas l'interprète de Sganarelle du *Cocu imaginaire* à lancer le fameux vers :

> Je vais dire partout qu'il couche avec ma femme !

Mais, en revanche, le même Perrin faisait preuve — le dimanche — d'un libéralisme à toute épreuve ; il imposait et ordonnait le rétablissement du texte. Et Got de redire malicieusement au souffleur Léotaud et à ses camarades :

— Attention, mes enfants ! Consultons bien notre calendrier ! Nous avons deux éditions de Molière : l'une à l'usage de nos abonnés, l'autre pour les jours fériés !

M. Jules Claretie, se montrant plus respectueux du nom de Molière que son illustre prédécesseur, a fort heureusement tout remis en place. Les deux éditions ont été fondues en une seule, les variantes ont été supprimées, et M. Georges Courteline peut ainsi, dans sa ravissante *Conversion d'Alceste*, reprendre, pour son propre compte, tous les mots, gros ou non, de l'auteur du *Misanthrope*.

Les gros mots !... Admettons que, le temps et les auteurs aidant, cette délimitation nécessaire entre le théâtre et le concert soit établie ou, pour parler plus exactement, rétablie. Admettons même que l'acteur, moins préoccupé de l'effet et de l'applaudissement, s'ingénie, à force de tact et de mesure, à atténuer la portée d'un trait trop grossier... Mais que penser de certaines scènes muettes d'une vulgarité voulue et d'une obscénité apprêtée? Ne sont-elles pas plus haïssables que les plus gros mots du monde? Est-ce que le nouveau vaudeville, celui du concert comme celui du théâtre, qui nous donna d'abord des armoires, puis des lits abritant deux, trois ou quatre fantoches, ne présente pas des dangers autrement sérieux?

⁂

Cette question des gros mots ne date d'ailleurs pas d'aujourd'hui. Je me souviens qu'étant censeur, il y a une quinzaine d'années, je subis les premières atteintes de ce mal!.. Aristide Bruant était alors en plein talent, en pleine gloire : son petit cabaret du boulevard extérieur regorgeait de visiteurs, et vous vous souvenez encore du couplet que le maître du logis chantait quand il daignait ouvrir la porte de l'antre. Jamais les héritiers du général Cambronne ne touchèrent plus de droits d'auteurs!.. Tout censeur que j'étais, je me rendais fort souvent, le soir, après le théâtre, en compagnie de quelques amis, chez Aristide Bruant, et je prenais un vif plaisir à l'audition de *A Belleville*, de *Au Bois de Boulogne*, de la *Chanson des michetons* ou de cette adorable *Fantaisie triste*.

Naturellement, mes vénérés collègues de l'inspection des théâtres désapprouvaient ma façon d'être et de voir : élevés dans les saines traditions administratives, ils n'admettaient pas mes promenades nocturnes dans les cabarets montmartrois, et lorsqu'Yvette Guilbert vint, après Bruant, nous présenter les chansons de Jules Jouy et de Xanrof :

— Vous voyez, s'écrièrent mes deux doyens, c'est vous qui nous valez Yvette Guilbert ! Elle est la descendante directe d'Aristide Bruant, et comme vous avez non seulement autorisé, mais applaudi les chansons de Bruant, nous nous trouvons maintenant dans l'impossibilité d'interdire celles d'Yvette Guilbert !

Autoriser et interdire ! Le visa et le timbre ! Les grands mots — les gros mots de théâtre aussi, ceux-là ! — étaient lâchés !... Par bonheur, je ne me décourageai pas, et malgré Bourdon, malgré de Forges, je n'en continuai pas moins à faire une distinction entre Jules Jouy et Villemer, entre Bruant et Delormel. Les « gommeuses » fulminèrent, les « diseuses » crièrent à l'injustice, mais je tins bon, et lorsque je vais aujourd'hui au café-concert, je constate, non sans quelque joie, que les chansons d'autrefois, celles autorisées il y a quinze ans, valent le plus souvent infiniment mieux que les nouvelles productions. Elles avaient tout de même, les complaintes de Mac-Nab et de Jouy, et aussi celles de Xanrof et de Bruant, un joli grain de souriante poésie!

M. Jules Lemaître, soutenant la cause de ces chansonniers, écrivait alors : « Ceux qui composent ces choses-là savent ce qui plaît au peuple de Paris : ils travaillent pour lui comme dans les provinces reculées des bergers-poètes trouvent encore des complaintes pour les paysans! »

Hélas! ces chansonniers ne sont plus ou se reposent... Mais quel chemin parcouru depuis quinze années, et qui nous dit qu'il n'est pas déjà trop tard pour soutenir la lutte!

Mars 1905.

COMÉDIENNE ET DESSINATEUR

C'était vraiment une comédienne charmante que Maria Legault. Comme je lui demandais, il y a quelques mois, pourquoi elle ne nous donnait plus l'occasion de l'applaudir :

— Que voulez-vous? fit-elle, je suis trop vieux jeu. Et puis, lorsqu'on a trente ans de théâtre, et vous devez le savoir mieux que tout autre, on doit laisser la place aux camarades!

Elle avait, en effet, trente années de théâtre... Qui ne se souvient d'elle dans *la Joie de la maison*, *Je dîne chez ma mère* et ces comédies-vaudevilles de Scribe, de Dumanoir, de Melesville, de Bayard, de Biéville, de Lambert-Thiboust que Montigny remonta au Gymnase en 1875? On inaugurait — j'étais encore sur les bancs du lycée Condorcet — les matinées dominicales, et celles du Gymnase présentaient un tout particulier attrait.

Lafontaine, en colonel du *Fils de Famille*, nous surprenait par sa correction doctorale : il était, nous disait-on, un des plus glorieux représentants du drame romantique; il avait le panache, il avait le style : on l'avait acclamé à l'Odéon dans *Ruy Blas*, et déjà nous prévoyions que ce parfait colonel de Bayard nous procurerait, lorsque nous aurions l'âge d'homme, des émotions supérieures !... Nous ne nous trompions pas... Lafontaine lança un jour, dans je ne sais quelle comédie de M. Georges Ohnet, un « Comme ils mentent tous! » qui valait sans nul doute le « Qu'il mourût! » du vieil Horace. On plaisantait le bon Lafontaine, on imitait sa manière... Il n'en resta pas moins un artiste rare, d'une probité absolue.

Lafontaine se trouvait-il pris par le service de la représentation du dimanche soir? Landrol endossait alors l'habit militaire et donnait la réplique à Emmeline — Emmeline était représentée par Mme Fromentin — avec moins d'onction que Lafontaine, mais avec plus de simplicité.

Landrol faisait d'ailleurs partie de toutes les distributions. Le dimanche, il tenait jusqu'à quatre rôles différents : deux l'après-midi, deux le soir... La matinée, commencée à une heure et demie par *le Charlatanisme* et terminée par *le Père de la débutante*, se prolongeait parfois jusqu'à six heures, et, à sept heures tapant, on levait le rideau sur *les Pattes de mouche*, trois actes gais et copieux de M. Sardou, qui précédaient une grande pièce comme *la Comtesse Romani*, *le Charmeur* ou *Ferréol*. Andrieu, qui, depuis plus de vingt-cinq ans, fait les beaux soirs du théâtre Michel, ne dédaignait pas de jouer *la Somnambule* aux côtés de l'adorable Blanche Pierson. Derval, Malard et Blaisot se partageaient les financiers et les pères nobles, — oui, Blaisot, le même Blaisot qui naguère, au Conservatoire, remporta, en compagnie de l'immortel Delaunay, le second prix de comédie ! Bouffé donnait ses dernières représentations de *la Fille de l'avare* et de *Michel Perrin*. Lesueur, admirable Kirchef du déjà nommé *Fils de famille*, portait un « kiosque » à la santé du régiment, dont Mlle Pierski était l'éblouissante cantinière. Quant à Frédéric Achard, le jeune premier de la troupe, il disait ou chantait, d'une voix bien assurée, les déclarations enflammées des jeunes héros de Scribe à l'ingénue Maria Legault.

Ah ! l'intelligente comédienne ! Un soir, Perrin, Félix Duquesnel et Montigny, directeurs de la Comédie, de l'Odéon et du Gymnase, affichèrent dans leurs théâtres respectifs, à la même heure, *l'École des Femmes* : Agnès s'appelait, à la Comédie, Suzanne Reichenberg ; à l'Odéon, Blanche Barretta ; au Gymnase, Maria Legault, et je dois reconnaître que Maria

Legault soutint, sans trop faiblir, la lutte contre les étoiles naissantes de nos deux scènes d'État.

C'est que — elle prenait plaisir à le rappeler — Maria Legault avait fait de solides études classiques et gagné, dans un concours mémorable, un beau prix de comédie au Conservatoire... Certes Montigny la tenait en toute particulière estime et ne manquait jamais de la signaler aux auteurs de la maison, mais elle rêvait le sociétariat, et le succès de *l'École des Femmes* légitimait toutes ses espérances. Par malheur, comme il arrive souvent, la place était prise : Suzanne Reichenberg tenait sans partage l'emploi des ingénues ; restaient les amoureuses, Angélique du *Malade*, Henriette des *Femmes savantes*, Rosine du *Barbier*. Mais la délicieuse Blanche Barretta, idéale amoureuse, était, non sans raison, guettée par la Comédie.

Maria Legault prit donc le sage parti de ne plus penser à la grande Maison, et du Gymnase elle passa au Vaudeville. Là encore, elle tint et fort brillamment sa place, et point n'est besoin, je pense, d'énumérer ses rôles. Elle participa à tous les succès du Vaudeville de notre ami Raymond Deslandes, mais c'est la légendaire *Tête de Linotte* de Théodore Barrière et Edmond Gondinet qui lui valut un inoubliable triomphe... Elle était la femme du rôle : ses défauts mêmes — ce je ne sais quoi d'artificiel et de trépidant qu'elle apportait dans son jeu et sa diction — la servaient... Cette nouvelle victoire tourna la jolie tête de linotte, et Maria Legault, réalisant enfin son rêve, entra à la Comédie-Française.

Elle y joua quelques rôles, entre autres Célimène du *Misanthrope* et Mme de Léris du *Caprice*. La jeune première du Vaudeville, l'ingénue du Gymnase, abordait un emploi nouveau, le plus périlleux de tous, celui des grandes coquettes. Elle n'y réussit qu'à demi. Ne voulant pas tenir le second rang, elle quitta la place. Elle ne se consola, à la vérité, jamais de cette déconvenue. Elle remporta de nouvelles victoires dans *Cyrano* et *l'Aiglon*, mais elle regardait en arrière, elle songeait au Conservatoire, aux espérances irréalisées, aux rêves envolés et au sociétariat manqué. « Vieux jeu ! » répétait-elle... C'était le cri d'un cœur désolé.

Pauvre Maria Legault ! La comédie, qu'on appelait autrefois la *comédie de genre*, n'eut tout de même pas de plus aimable interprète...

* * *

Une autre mort a attristé le monde des théâtres, celle de Bianchini. J'ai dit ailleurs ce que je pensais de notre regretté camarade : il représentait, à notre Comité des Trente Ans de Théâtre, les dessinateurs, et je lui devais un particulier hommage de reconnaissance. J'avais prié mon vieil ami Noblet, que je savais être le compatriote de Bianchini, de me fournir quelques notes biographiques.

Avec sa bonne grâce habituelle, Noblet m'a adressé la très spirituelle lettre que voici :

Mon cher ami,

Quelques souvenirs sur Bianchini ?... C'est loin !... Enfin, voilà... C'est en 1878, à Lyon, que je l'ai connu. Nous avons mis tout de suite en commun une redingote grise dont j'étais d'ailleurs très fier. J'étais aux Célestins et je la portais obstinément dans les rôles les plus variés. Bianchini la promenait le dimanche au parc de la Tête d'Or.

Si je lui prêtais mon riche pourpoint, il m'offrait galamment ses hauts-de-chausses ; il avait surtout un satané pantalon de nuance et de dessin « cage à singes » qui me ravissait et qui fit l'admiration d'Anna Judic quand elle vint donner quelques représentations de *Niniche* à Lyon.

Bianchini demeurait chez son père. Moi aussi.

L'année suivante, je fus engagé à Paris, et Bianchini vint m'y retrouver ; je l'installai près de moi. J'habitais alors, rue des Moulins, l'hôtel des Finances. Ironique enseigne ! Nous avions une voisine, assez jolie ma foi, qui avait, après boire, d'aimables dérangements d'esprit. Pendant que Bianchini versait le contenu de sa petite malle dans le tiroir de la commode, ma voisine entra dans sa chambre... Je gagnai la porte dans l'ombre, et voilà le souvenir très précis que j'ai de la première soirée de Bianchini à Paris.

Comme j'appartenais au théâtre du Palais-Royal, il fréquentait beaucoup le « Bain à quatre sous ». grande loge où s'habillaient Montbars, Pellerin, Milher, Raimond, etc. Puis il nous accompagnait, Numès et moi, quand nous allions jouer des petites comédies dans le monde. Nous le présentions comme notre secrétaire... Il était très élégant et avait surtout un chapeau claque doublé de satin mauve qui faisait dire : « Ce secrétaire est quelqu'un ! » Entre temps, Bianchini dessinait déjà de jolis costumes pour les revues de Milher et Numès, mais en simple amateur.

Nous composions aussi de petits scénarios d'opéra dont nous improvisions la mise en scène et la musique quand nous avions l'occasion de nous jouer.

Deux de ces œuvres virent le feu de la lampe dans l'atelier de Chartran, dont la très charmante femme nous faisait les honneurs avec un charme vraiment exquis. C'est d'abord *la Découverte du rognon sauté aux champignons*, dont j'avais écrit les costumes et Bianchini dessiné la musique, puis *la Morue patriotique*, qui contenait quelques vers d'un beau souffle :

Dans un baquet, devant la porte,
La pauvre morue dessalait...
D'où venait-elle ?... Hélas ! Qu'importe !
Pour le peuple on la préparait.

Puis, nous sommes devenus peu à peu des gens graves... Oh ! pas trop... Mais assez, hélas ! Et mon dernier souvenir date presque d'hier.

C'était la semaine dernière, à l'Ambigu, le soir de la répétition générale de *la Belle Marseillaise*. Après le troisième acte, vers minuit, j'étais venu sur la scène féliciter l'auteur, le directeur, les artistes, et, serrant la main de Bianchini, je lui dis :

— Mon vieux, délicieux tes costumes ! Je ne te demande pas des nouvelles de ta santé... Tu as une mine !...

Je ne devais plus le revoir.

Voilà, mon cher ami, quelques notes sur notre charmant camarade ; elles ne seront sans doute d'aucune utilité pour un discours officiel, mais elles montrent que Bianchini était bien le plus aimable des compagnons.

Mes amitiés les meilleures.

NOBLET.

La découverte du rognon sauté aux champignons ! *La Morue patriotique* !... Mais ce sont les souvenirs de Schaunard et de Colline !

Quel dommage que Noblet, qui sait écrire de si piquante façon, ne nous ait pas conté ses débuts au théâtre du Gymnase franco-belge (*sic*) à Bruxelles, dans *les Apôtres du mal*, un drame en huit tableaux de Ferdinand Faniot ! Que de lignes apprises par Noblet depuis *les Apôtres du mal* ! Et dans *le Ménage Popincourt*, un petit acte d'Hippolyte Raymond et

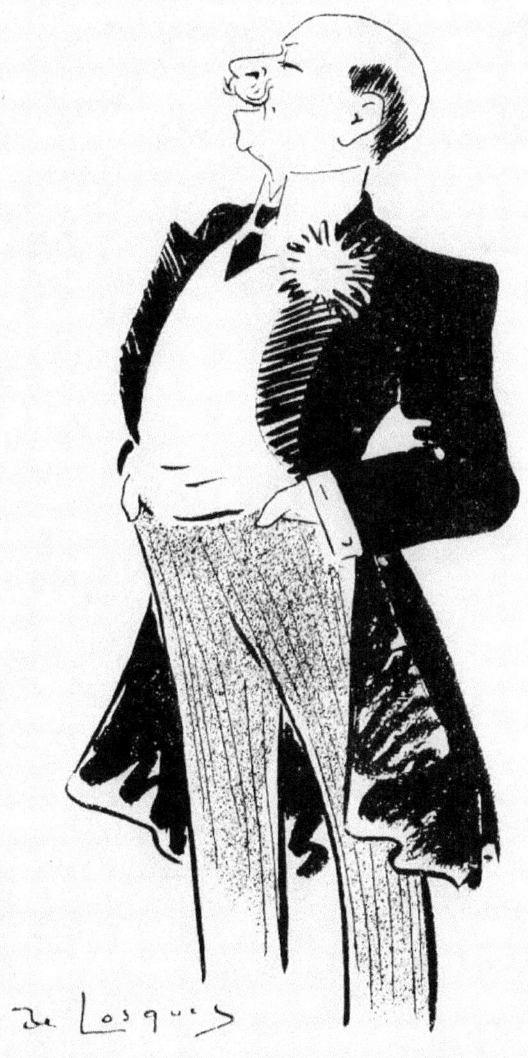

M. Noblet.

Maxime Boucheron, un tout petit rôle, pour les débuts au Palais-Royal ! Et la fameuse *Bamboche* du théâtre Déjazet que Marie Magnier eut l'heureuse idée d'aller voir.

— Mais j'ai déniché à Déjazet un comédien unique, conta-t-elle, dès le lendemain, à Koning. Il faut l'engager sur l'heure.

J'ignore si Koning, que sa grandeur attachait au rivage, se transporta jusqu'au boulevard du Temple. Ce que je sais bien, c'est que nous devons à *la Bamboche* et à notre amie Marie Magnier un de nos plus délicieux comédiens.

Noblet, de son vrai nom et pour ses amis « Grenoble » !...

Grenoble, chef-lieu de l'Isère ! ont dû s'écrier quelque part les auteurs de *la Morue patriotique* !...

Avril 1905.

L'ANCIENNE COMÉDIE

Mon pauvre ami Georges Chalamet, qui vient de mourir, était un habitué de l'ancienne Comédie... L'ancienne Comédie! Que de souvenirs déjà lointains! Et comme je regrette de n'avoir pas constitué des dossiers, établi des fiches et pris des notes!

C'est donc au foyer de la Comédie qu'en 1880 — un quart de siècle! — je fis connaissance de l'homme qui devait être un de mes plus tendres amis... Prud'hon, aujourd'hui inspecteur général de la Comédie-Française, m'avait présenté à lui... Je venais de passer une longue et terrible année à Rouen sous les drapeaux du 28e de ligne et peu s'en fallut que le colonel Jamais ne m'invitât à prolonger ce stage militaire de plusieurs mois. Comme tout bon jeune homme, j'avais pris quelques inscriptions de droit et commencé une série de silhouettes de théâtre. L'aimable Verteuil, secrétaire de la Comédie, m'octroya mes entrées pour un an. Mon rêve se réalisait. J'allais donc voir « de près » ces glorieux comédiens qu'autrefois le mercredi et le samedi, les veilles de congés scolaires, je guettais à la sortie !

Chalamet, Gustave Ollendorff et Prud'hon voulurent bien être mes parrains et guider mes premiers pas dans la maison de Molière... La Maison de Molière ! A ce nom seul je bondissais de joie... Tout m'étonnait et m'enchantait, depuis la loge du concierge, où sociétaires et pensionnaires ne manquaient jamais de faire une halte avant et après la répétition, jusqu'à l'imposant vestibule où défilaient auteurs et comédiens convoqués par Perrin pour une lecture ou un engagement. Et le solennel foyer, et l'horloge sous laquelle se tenait notre présidente des Chevreuillets, « Madame Madeleine », autrement dit Madeleine Brohan ! Cette maison riche et bien aménagée donnait — elle donne encore ! — l'impression du bon ordre et du parfait ordonnancement. J'admirais la tenue des serviteurs et leur courtoisie, les manières exquises des artistes, et je me rendais compte de ce que valent l'air et le ton de la maison et la fameuse tradition.

⁂

Les habitués d'alors possédaient précisément, et au plus haut degré, cette tradition : ils connaissaient le théâtre, ils l'aimaient et le faisaient aimer. Les deux lecteurs, Henri Lavoix et Adrien Decourcelle, dissertaient sur les classiques et les modernes, pendant que Chalamet et Ollendorff nous tenaient au courant des débuts, des rentrées, et aussi des intrigues et des orages. Les dirigeants, les parts entières, s'appelaient Got, Delaunay, Maubant, Coquelin, Febvre et Worms. De temps à autre le doyen laissait tomber un ingénieux paradoxe ou une piquante anecdote, donnant toujours le trait juste et grossissant ses personnages avec un art parfait. Delaunay, plus accueillant que son doyen, était tout à ses rôles et n'admettait pas qu'on pût, au foyer de la Comédie, traiter d'autres questions que celles du théâtre. Maubant, intime ami du Président Grévy et professeur accompli de billard à la Régence, hésitait entre la politique radicale et la tragédie bourgeoise. Quant à mon ami Frédéric Febvre, scrupuleux observateur des décrets moscovites, il nous refusait, à Ollendorff et à moi, le droit et le plaisir de passer chaque après-midi quelques heures chez Molière.

— Chacun son métier! faisait Febvre. Allez donc répéter dans votre ministère et laissez-nous répéter dans le nôtre!

C'est ainsi — vous en souvenez-vous, mon cher Frédéric Febvre? — que naquit notre amitié...

Les jeunes comédiens, les anciens d'aujourd'hui, c'étaient Baillet, Truffier qui, comme l'incomparable amoureuse Blanche Barretta, arrivaient en droite ligne de l'Odéon de Félix Duquesnel; c'étaient Silvain, de Féraudy, Le Bargy, Leloir qui tous quatre débutaient à la Comédie. Silvain et Leloir sortaient du troisième Théâtre-Français dirigé par Ballande, le Ballande fondateur illustre des matinées!... Silvain avait paru pour la première fois dans Thésée de *Phèdre* aux côtés de Sarah-Bernhardt, Phèdre admirable, et de Mounet-Sully, inoubliable Hippolyte. Leloir, moins heureux que son camarade de tragédie, recevait, chaque dimanche, dans le feuilleton de l'Oncle, une formidable volée; il n'en faisait pas moins, intelligemment et patiemment, sa besogne, parvenant, après bien des années d'études, à triompher des résistances de Sarcey... De Féraudy abordait le Grignon de *Bataille de dames* et le Sosie d'*Amphitryon*, et d'emblée il se classait au premier rang, réalisant les espérances qu'avaient fondées sur lui et son professeur

Got et ses condisciples du lycée Henri IV. Le Bargy, à la suite d'un heureux essai dans Clitandre des *Femmes savantes*, aspirait à jouer Perdican, Valentin et Fortunio. Mais Delaunay était là et n'abandonnait pas volontiers Alfred de Musset... Las d'attendre, ne sachant plus que faire, Le Bargy venait, après le théâtre, conter ses peines aux joueurs de dominos que Falguière présidait et que Chalamet et Prud'hon vice-présidaient. Ah ! les retentissants « je boude » de Falguière et les divertissantes boutades de Chalamet ! Ah ! le dé de fermeture, l'horrible dé de fermeture, imprudemment donné par Le Bargy distrait et songeant aux rôles qu'il n'avait pas ! Ah ! les délicieuses veillées qui, commencées à minuit, se prolongeaient jusqu'à trois heures du matin !

Les comédiennes elles-mêmes, nos amies, Jeanne Samary et Mary Kalb, consentaient à collaborer à cette Académie du Double Six, et, le lendemain, nous nous retrouvions tous au foyer de Molière où, malgré Perrin, malgré le semainier, malgré mon ami Febvre lui-même, les consommations les plus succulentes étaient offertes par nos soins aux interprètes du *Monde où l'on s'ennuie*.

— Orgeat, limonade, bière ! soupirait Madeleine Brohan. Que vont penser les bustes qui nous regardent ?...

Les bustes ne disaient trop rien, et c'est tout juste si la sous-préfète Suzanne Reichenberg et Émilie Broisat, si Jeanne Samary et la duchesse de Réville ne *manquaient* pas leurs entrées, au désespoir de Richard Mazure, préfet de police de la scène et idéal Saint-Réault d'Édouard Pailleron.

∴

Chalamet connut et aima ces temps heureux... Je constatais, l'autre jour, que les survivants étaient peu nombreux et, tout en contemplant les gardiens de cimetière qui escortaient le corbillard de leur chef, je me souvenais d'un des propos favoris de notre ami :

— J'ai, moi aussi, tout inspecteur général des pompes funèbres que je suis, mes ouvrages en cinq actes et mes levers de rideau ! Le lever de rideau c'est l'enterrement du pauvre diable ; la pièce en cinq actes ce sont les obsèques du riche propriétaire. Mon ordonnateur qui, toujours sur le même ton et d'une voix uniformément pleurarde, lance le sacramentel : « Messieurs, le convoi se met en marche ! » voilà mon confident de comédie à moi ! Je vous aide tous à baisser le rideau !... N'est-ce donc rien ?

Et alors Chalamet, avec la dextérité d'un homme

de théâtre qui a tout lu, tout vu, tout connu, nous contait mille histoires sur les Pompes funèbres. Il en était, à l'exemple de Wafflard, l'auteur applaudi des *Deux ménages* et du *Voyage à Dieppe*, l'inspecteur général, et ne rougissait pas le moins du monde d'exercer ces importantes et délicates fonctions. Il fallait l'entendre expliquer le fonctionnement de l'Association des *Pieds sous la table* ! On l'avait élu président de cette Société de prévoyance destinée à assurer la retraite des employés préposés à l'enfouissement de leurs semblables... Tous ces personnages sombres et endeuillés prenaient, présentés par notre ami, une allure charmante. D'un trait, d'un mot il les dépeignait et les modernisait de la plus jolie manière.

Homme de théâtre, il le resta jusqu'à la dernière heure. Il y a trois semaines à peine, il me priait encore de lui donner force détails sur ces représentations de nos faubourgs dont il avait, et avec quel soin scrupuleux, organisé le contrôle et assuré le succès... Il m'interrogeait sur les recettes des théâtres, sur la distribution de la pièce d'Alfred Capus à la Renaissance, sur l'effet de la lecture de la comédie de Léon Gandillot chez Antoine et sur le résultat du procès de la Société des auteurs. Il ne se faisait guère d'illusion et se sentait terriblement atteint ; mais, comme s'il eût voulu calmer mon inquiétude, il me disait :

— J'aurai pas mal de pièces à voir, quand je serai debout, ce qui ne tardera pas !

Je lui serrai les mains et sortis. Il me rappela...

— Eh bien ! Et Bianchini ! Tu ne m'en parles pas ?... Il est mort, lui !...

Ce fut sa dernière réplique....

Serge Basset, le lendemain de la mort de Chalamet, écrivait que les gens de théâtre apprendraient avec tristesse cette fin prématurée. Rien n'est plus vrai. En lui offrant à cette place un hommage de reconnaissante affection, je n'ai rempli qu'un simple devoir. Chalamet avait fait beaucoup pour la prospérité de nos Trente Ans de théâtre : il n'aimait pas qu'on lui rappelât les services qu'il rendait. Il en rendit pourtant beaucoup, le brave président des *Pieds sous la table*, l'aimable habitué de l'ancienne Comédie!...

Avril 1905.

LA DERNIERE...

Quand on songe que Mme Crosnier, qui en Bélise des *Femmes savantes*, en Mme Argan du *Malade*, en Mme Jourdain du *Bourgeois gentilhomme*, égala Clémentine Jouassain, n'a pas encore eu sa « dernière » ! M. Ginisty, et il convient de l'en remercier, organise cette solennité et a immédiatement obtenu, pour fêter cette comédienne qui laissera un nom dans notre répertoire français, l'appui de la plus grande des artistes italiennes.

A la vérité, on se demande comment et pourquoi nos comédiens n'exigent pas pour certains de leurs camarades dont la vie est toute de travail et de dévouement — c'est le cas de Mme Crosnier — cette « dernière » représentation.

Je devine les inconvénients que présenterait une telle réforme dans nos mœurs théâtrales... Nombre d'artistes abusèrent de ces apothéoses, et je me souviens d'un acteur illustre qui, toutes les fois qu'il se trouvait dans la gêne, n'hésitait pas à réunir ses braves compagnons de lutte :

— Mais vous ne pouvez me refuser un pareil service! faisait-il plein d'une sincère tristesse. Je n'ai plus aucun engagement, moi! Vous gagnez maintenant cinq cents francs par jour... Songez que moi — moi vedette! — je touchais en un mois ce que vous touchez en une seule soirée!... Mon genre se meurt, mon genre est mort!

— Tu n'as plus que tes « dernières »! Allons-y! Mais ce sera la dernière des dernières! La toute dernière, irrévocablement et sans remise? Tu nous le jures?

On jurait, on organisait la toute dernière, qui fournissait au comédien de quoi vivre trois ou quatre ans, et on recommençait ensuite...

Je n'ignore pas non plus que la recette ne tombe pas toujours dans la poche de l'intéressé. Le bénéficiaire est guetté par les huissiers... Sur la scène, on le porte en triomphe : il reçoit des couronnes, il écoute un à-propos tout exprès rimé pour la circonstance; il entend les applaudissements de la foule, ces applaudissements qui l'aidèrent à vivre, et il oublie que dans quelque coin de la salle, mêlé aux agents de la Sûreté, lesquels veillent à ce que tout se passe bien, l'huissier est là, criant bravo lui aussi, mais n'en réclamant pas moins ce qui lui revient... Ah! il faudra bien que le séduisant écrivain de l'immortel *Brichanteau* nous montre quelque jour ce bénéficiaire qui, en quittant la scène, quitte tout simplement la vie! N'est-ce point d'ailleurs à ces imprévoyants de l'avenir que M. Jules Claretie précisément songea lorsqu'il créa, avec M. Sardou, M. Paul Hervieu, M. Roujon et M. Dislère, notre caisse de secours « sur l'heure »?

Je sais aussi que ces prétendues représentations à bénéfice se multiplient... On a si mal fait les choses que le spectateur, aujourd'hui, n'a plus confiance... On lui promet parfois monts et merveilles et, par un malencontreux hasard, les programmes ne sont pas suivis à la lettre. Naturellement, le public accuse les manquants : il ne se doute pas que les organisateurs de ces spectacles disposent trop souvent des artistes, sans même prendre le soin élémentaire de les consulter et de solliciter leurs autorisations.

Mais il y a tout de même à Paris d'autres comédiens que ceux qui prennent plaisir à renouveler leurs « dernières » ou veulent, durant une ultime semaine, contempler leur suprême affiche! Les Brichanteau de cette espèce sont, par bonheur, l'exception... Je connais, à la Comédie-Française, des artistes qui refusèrent d'offrir leur « dernière » et préférèrent le modeste rachat de la représentation aux quarante ou cinquante mille francs assurés par le gala final. Notre chère amie, Madeleine Brohan, dont le nom aimé revient si souvent à cette place, se récusa... Ses amis la priaient de paraître encore une fois et insistaient...

— Et pourquoi, leur répondait-elle, voulez-vous que j'assiste toute vivante à mon enterrement ? Notre histoire avec le public ? Elle est la plus simple du monde, cette histoire, et les amoureux la connaissent bien !... Les amoureux se séparent jurant que jamais ils ne se reverront... Jamais, comme si *jamais* était un mot français ! Puis, quand on a fait tous ces serments, on redouble de tendresse... Et vous voulez que je passe par toutes ces émotions, moi qui meurs de peur lorsque je joue Philaminte des *Femmes savantes*, ou le dernier acte de *Villemer* ! L'adieu final, c'est notre mise en bière !...

A l'exemple de Dinah Félix et de Clémentine Jouassain, Madeleine Brohan résista à la « dernière »... Ce n'est pas la faute à nos amis Gustave Worms et Blanche Barretta s'ils durent, contre leur volonté, aller au supplice ! Worms, le comédien parfait, l'homme exquis, le camarade aimé de tous, se faisant organisateur de quelque chose! Il croyait en avoir fini et se promettait bien de ne plus recommencer, mais une autre dernière l'attendait!... Comment Blanche Barretta pouvait-elle ne pas s'incliner devant le règlement, puisque son mari en avait subi les rigueurs?

J'admets fort bien, pour ma part, les très légitimes scrupules d'une Brohan ou d'une Dinah Félix, et je conçois, d'autre part, que la Comédie, fidèle à ses statuts, garde la tradition de la « dernière »... Je comprendrais même que les vieux pensionnaires eussent droit, comme leurs grands camarades, à l'adieu final. Garraud, qui comptait trente ans de pensionnariat et deux ans seulement de sociétariat, se plaisait à répéter :

— Me voilà sociétaire... J'aurai donc ma représentation de retraite.

Michonnet, d'*Adrienne Lecouvreur*, n'eût pas mieux dit!...

Mais pourquoi ce qui se fait dans le premier de nos théâtres ne se pratique-t-il pas dans tous les théâtres? Quel est donc le directeur qui, en signant l'engagement d'un comédien comptant déjà de sérieux et longs états de service, refuserait de souscrire à cette clause? Est-ce qu'au théâtre Michel de Saint-Pétersbourg, est-ce que dans la plupart des théâtres de province, ce « bénéfice » n'est pas traditionnel, obligatoire?

Pauvre Mme Crosnier! Retirée de la scène depuis des années, elle n'aura même pas la joie, cette joie bien compréhensible après tout, de reparaître dans un de ses rôles, au milieu de ses camarades!

— La joie de la mise en bière! aurait murmuré mélancoliquement Madeleine Brohan, lui sera refusée!...

On parle bien encore de Mme Crosnier quand une comédienne s'essaie dans la Renaude de *l'Arlésienne*... Eh oui! cela est triste à constater... Mme Crosnier, immortelle Renaude, passe aujourd'hui pour n'avoir joué que ce seul rôle en compagnie de Paul Mounet, merveilleux Balthazar, et d'Albert Lambert fils, inimitable Frédéri...! On veut bien rappeler qu'elle se montra la digne émule de Clémentine Jouassain et que sa vraie place était à la Comédie-Française. Mais doit-on oublier qu'il y a quinze ans elle créa *Ma Cousine*, ce chef-d'œuvre de Meilhac, et que son nom est inscrit à côté de ceux de Réjane, de Baron et de Cooper, de Marcelle Lender et de Marie Crouzet? Meilhac cherchait alors sans la trouver une comédienne réalisant le type de l'entremetteuse manucure.

— Mais je l'ai, votre Frosine! s'écria Réjane... Madame Crosnier!

Meilhac et Bertrand firent bien un peu la moue et les répétitions ne marchèrent pas toutes seules... La note des Variétés! Mme Crosnier, une comédienne d'Odéonie, quelle aberration, pensez donc! Mme Crosnier n'en sortit pas moins victorieuse de cette difficile épreuve : elle nuança à ravir tout le personnage et particulièrement la jolie scène du dernier acte de *Ma Cousine*... Elle comprit que cette Frosine moderne — le mot de Réjane était vrai — cachait l'observation la plus juste, la fantaisie la plus gracieuse et aussi l'ironie la moins apprêtée : elle n'en mit pas trop, si j'ose dire, et la comédienne classique eut, à la stupéfaction de son directeur et de son auteur, la fameuse note des Variétés!...

L'idéale Renaude, la triomphante Bélise, sut être, à ses heures, l'interprète de Meilhac et la mime de *l'Enfant prodigue*. Il me semble qu'il y avait justice à réparer cet oubli, au moment où l'on va célébrer sa « dernière »!...

Mai 1905.

LA BELLINCIONI

Il y a quelques jours, dans une maison amie, Henri Cain nous contait la touchante histoire de *la Cabrera*. La première entrevue avec le jeune musicien Gabriel Dupont, le concours milanais dû à l'initiative de l'éditeur Sonzogno, la réception si cordiale que fit M. Albert Carré à l'ouvrage français couronné en Italie, l'engagement immédiat de l'admirable Gemma Bellincioni ; tous ces tableautins esquissés par notre ami, séduisant peintre de théâtre bien plutôt que conventionnel librettiste, avaient une allure souriante. On lui posait mille questions. Son interprète était-elle vraiment « la Duse qui chante » et ces deux exceptionnelles natures de comédienne et de cantatrice pouvaient-elles être comparées l'une à l'autre?

— Cantatrice! interrompit Henri Cain... *Prima donna*! Surtout, ne prononcez pas ces noms-là devant elle! Je ne sais pas d'artiste plus captivante, plus personnelle !... Allez la voir, me fit-il, je lui annonce votre visite pour demain.

Je me demandais, je puis bien l'avouer à mon ami Henri Cain, pourquoi la glorieuse créatrice de *Cavalleria rusticana*, de *Fedora* et de tant de célèbres opéras italiens manifestait tant d'aversion pour ces simples mots : cantatrice et *prima donna*. Avant de me mettre en route, je consultai le Larousse italien et je constatai, sans surprise, que la Bellincioni était considérée comme la première cantatrice de son pays. Je me rappelai également qu'ayant entendu à Florence *la Manon* de Puccini, j'avais surtout apprécié les voix sonores et bien timbrées des interprètes grands et petits et n'avais que médiocrement goûté leur jeu, leurs gestes et leurs attitudes. Comment donc une femme qui remporta ses plus éclatants succès dans *Cavalleria. Tosca. Fedora* et promena triomphalement à travers le monde *la Traviata*, *Carmen*, *Sapho* et *Manon*, refuse-t-elle ce titre si enviable de *prima donna* ? Quel était ce mystère ?...

Suivant la recommandation d'Henri Cain, je me présentais moi-même...

— C'est encore le meilleur moyen d'être bien reçu ! s'écrie quelque part un personnage de Labiche.

J'attendais la grande artiste et, tout naturellement,

je préparais et compulsais quelques mots italiens : *signorina*, *grazia*, *buona sera*, et surtout pas de *prima donna* !

Quelle ne fut pas ma surprise lorsque j'entendis mon interlocutrice ! Elle parlait le français, et le français le plus correct : tous mes barbarismes minutieusement préparés devenaient inutiles : je n'avais plus qu'à écouter et qu'à m'instruire.

⁂

C'est à Constantinople, et non à Rome, comme on le croit, que naquit Gemma Bellincioni. Ses parents, excellents chanteurs italiens, donnaient des représentations en Turquie. Le papa tenait l'emploi des basses-chantantes, la maman celui des Falcon. Un beau soir, on dut faire relâche en l'honneur de la naissance de Gemma. Quatorze années après, la jeune Gemma, véritable enfant prodige, débutait au Théâtre lyrique de Naples dans *Tutti in Maschera* du maëstro Pedrotti, ouvrage aujourd'hui oublié dont on n'entend plus guère que de mauvais fragments aux concours du Conservatoire de Paris. Elle avait pour partenaire son père.

Les *Memorie biografice*, écrits par une main amie,

attestent que la première représentation de *Tutti in Maschera* fit une révolution dans les théâtres italiens. Une voix exquise, une diction parfaite, une articulation étonnante, un jeu prenant, des attitudes vraies, déclarait le prince de la critique napolitaine... Le papa Bellincioni, fidèle aux traditions des vieux opéras, avait lutté tant et plus contre de telles transformations — c'est le terme qu'emploie notre Cabrera, — mais la victoire de son élève récalcitrante le désarma...

Elle passe ensuite en revue toutes ses créations, tous ses rôles repris ; elle s'amuse à indiquer comment elle a compris, fouillé, vécu tant de personnages et, chemin faisant, elle me donne, sur l'art du chant, mille aperçus plus amusants les uns que les autres. Aux moindres questions, elle répond par des exemples ..stes; puis brusquement elle s'arrête, elle cherche le trait, elle balbutie un mot italien, elle le traduit en français, elle le lance à pleine voix et, résumant des théories, qui tout d'abord déconcertent chez l'interprète favorite de Mascagni :

— Dramatiser un personnage, le rendre humain et vrai, voilà tout le théâtre à mon sens, qu'on le parle ou qu'on le chante !

Je comprends pourquoi une telle artiste, qui se

préoccupe si peu des effets et des procédés et qui cherche la seule simplicité, bouleversa toutes les interprétations chères aux conventionnelles cantatrices milanaises. Une chanteuse légère qui joue vrai, qui sait être douloureuse et poignante dans l'Italie de la chanson, de la mélodie et de la romance !

Très au courant de l'évolution musicale et se rendant un compte exact des causes et des résultats de cette évolution, elle exprime pourtant un regret : elle n'a jamais abordé le répertoire wagnérien. Elle reconnaît que la fièvre et la passion de son jeu ne conviennent qu'imparfaitement à la tranquille Elsa. Puis, avec la même clarté que si elle commentait un des personnages qu'elle a jetés sur la scène, elle indique toutes les raisons — des raisons techniques de musicienne consommée — qui l'empêchèrent de chanter *Lohengrin*.

Le mystère est maintenant éclairci... Cette cantatrice est une vraie tragédienne lyrique... Excusez-moi, mon cher Henri Cain !

*
* *

Ajouterai-je que cette « Duse qui chante » n'a applaudi l'autre Duse qu'une seule fois, il y a une dizaine d'années, dans l'*Odette* de M. Victorien Sardou, et qu'elle ne vit jamais notre admirable Rose Caron à laquelle on la compare volontiers? Dirai-je enfin que l'artiste qu'on vient d'acclamer à l'Opéra-Comique ne cesse de louer nos intelligentes méthodes de travail et de *visuale* (la mise en scène), de machinerie et d'éclairage? En Italie comme partout ailleurs, il faut bien avoir le courage de le proclamer, on répète une œuvre nouvelle pendant huit ou dix jours : prête ou non, elle est présentée au public. Nos *impresarii* étrangers, qu'on nous offre si souvent comme modèles, prennent plaisir à ce travail hâtif.

— Détestable besogne que celle-là, me contait, un peu dépité, l'intendant général des théâtres d'une principale ville d'Allemagne. Nos comédiens et nos chanteurs travaillent en pure perte. Ils se trouvent dans l'impossibilité de se former : ils n'ont même pas le temps de progresser, ne jouant pas plus de dix ou douze fois un rôle!

Mme Gemma Bellincioni ne dit pas autre chose aujourd'hui. Elle regrette qu'en Italie, en Allemagne, en Autriche, en Russie (c'est là une observation dont nos artistes de comédie et de chant qui font des tournées à l'étranger apprécient la justesse), les répétitions soient moins nombreuses, moins soignées que chez nous et, comme l'intendant théâtral d'Allemagne, elle nous fait remarquer que nous n'avons pas de plus sévères censeurs que nous-mêmes !...

Écoutons ces rassurantes leçons... Relisons notre divin Gautier et suivons ses réconfortants conseils. Si Paris s'éteignait, aimait-il à répéter, la nuit se ferait bien vite sur le monde, comme si le soleil disparaissait pour ne plus renaître ! On frémit, à la pensée des choses extravagantes, des robes ridicules, des bijoux bêtement riches que porterait l'univers si notre capitale, transformée en un gigantesque Carpentras, ne donnait plus la note et le ton !...

Faisons donc à la Bellincioni et à la Duse l'accueil triomphal qu'elles méritent et remercions ceux qui nous procurent la joie de les applaudir. Mais avouons tout de même avec Gautier, et aussi avec les deux Duse, que Paris seul consacre les renommées !...

Mai 1905.

POUR LES ENTR'ACTES

La question des entr'actes est à l'ordre du jour. M. Adolphe Brisson, dans son dernier feuilleton, affirme que la suppression des entr'actes profiterait aux commodités du public et contribuerait à la réussite des pièces; il exprime le vœu qu'un directeur parisien tente une telle réforme et ferme à onze heures les portes de son théâtre.

Mon excellent ami Adolphe Brisson ne demande rien moins, à vrai dire, qu'une révolution dans nos mœurs parisiennes. Reste à savoir si ce bouleversement s'impose...

Notre confrère Quisait, vrai médecin de théâtre qui s'ingénie à tâter le pouls des auteurs, des directeurs et des comédiens, nous présente, sur ce sujet brûlant, maintes consultations, et je constate qu'auteurs, directeurs et comédiens, sauf de rares exceptions, approuvent l'éminent critique et regrettent le bon vieux temps où à Paris — en notre Paris de l'auto, du five o'clock et du tea ! — on dînait à midi, où l'on goûtait à cinq heures, où l'on se rendait au théâtre à six heures et où l'on rentrait chez soi pour souper avant de se coucher...

Je reconnais que ces coutumes étaient fort respectables et que les Viennois et les Allemands entendent la vie du soir plus commodément que nous autres Parisiens...

Sarcey, et Brisson s'en souvient comme moi, pesta toute sa vie contre les retardataires du théâtre qui, sans même prendre la peine de saluer les gens qu'ils dérangent, arrivent au spectacle sur le coup de dix heures, au milieu du premier acte, et s'installent bruyamment dans leurs stalles. Mais Sarcey eut beau décocher toutes ses flèches de critique à ces amateurs de théâtre : les campagnes qu'il mena contre eux restèrent sans effet, et si le five o'clock d'aujourd'hui remplace le goûter d'autrefois, le dîner de huit heures n'est pas encore devenu le souper... Nous dînons de plus en plus tard. Qu'y faire ?

Pierre Wolff, interviewé par Quisait, répond nettement que le directeur qui supprimera les entr'actes commettra une bêtise, et cela pour la raison essentielle que durant l'entr'acte il fait clair, alors que, pendant le spectacle, les spectateurs sont plongés dans les ténèbres, ce dont se plaignent les spectatrices qui ne peuvent laisser admirer leurs toilettes.

A la bonne heure, voilà qui est parler! Il faut avoir le courage de le proclamer: cette obscurité voulue, devenue une mode, est une gêne constante pour l'auditeur. Sous le fallacieux prétexte que certains décors exigent la nuit, les directeurs, je ne dis pas tous, mais la plupart d'entre eux, abusent d'un système contre lequel on ne saurait trop protester. Le cri de « Baissez la rampe! » était jadis inconnu ; les comédiens voulaient voir clair, à l'exemple des spectateurs, et jamais un impresario ne se serait permis de « faire la nuit » ! Mais le répertoire de Wagner d'abord, les pièces étrangères ensuite, ont bouleversé nos mises en scène, et nous arrivons à nous imaginer que plus la rampe et le lustre sont baissés, plus notre plaisir à écouter une œuvre de théâtre augmente.

Quelle erreur! Est-ce qu'Adolphe Brisson, qui visita les principales scènes de l'étranger, ignore que, pour un directeur avisé, « faire la nuit » équivaut à une économie d'environ cinquante mille francs par an ? J'ai rappelé ici même le mot, vraiment topique, d'un grand impresario allemand :

— Pourquoi je n'éclaire pas ma salle? Mais pour avoir à la fin de l'année les félicitations de mes actionnaires, dont je fais ainsi, et admirablement, les affaires !

Qu'on nous rende donc cette belle clarté d'antan qui nous permettait de contempler nos jolies voisines lorsque nous ne nous intéressions qu'à demi à ce qui se passait sur la scène ! Gardons-nous de germaniser nos théâtres et n'oublions pas que si les Allemands et les Viennois vont au spectacle pour s'y instruire nous y allons, nous, pour nous y distraire ! Or l'entr'acte fait partie de nos distractions parisiennes !

Il y a autre chose. Les directeurs ne sont pas seuls coupables. Interrogez-les, confessez-les !... Ils objectent que les écrivains ont de singulières exigences. Si certaines pièces en trois actes commencent à neuf heures et demie pour se terminer deux heures après, si les actes sont parfois plus courts que les entr'actes, c'est que le traité stipule que la soirée ne comportera, en dehors de la grande pièce, qu'un lever de rideau. Autrement dit, l'auteur touchera tous les droits, puisque le lever de rideau est uniformément taxé au prix de dix francs. Combien d'auteurs allongent leurs pièces et nous offrent cinq actes au lieu de trois, et même trois actes au lieu d'un, pour le seul plaisir d'avoir toute l'affiche ! Avoir toute l'affiche, faire la nuit, mais ce sont des mots essentiellement modernes dont il convient de comprendre la force ! Comment, d'ailleurs, un directeur pourrait-il lutter contre de telles volontés ? La pièce lui plaît : il sent qu'elle est courte et qu'elle ne réussira qu'à la condition d'être agrémentée non seulement d'un lever de rideau pour commencer, mais aussi d'un acte gai et copieux pour finir. Mais le moyen de résister à un auteur qui ne manquera pas d'invoquer les précédents ?... Et les précédents, on les connaît ! Ce sont les chefs-d'œuvre de Meilhac et Halévy, et aussi ceux de Meilhac tout seul, qui formaient tout le spectacle et n'en réalisaient pas moins de grosses recettes !... Est-ce que *Décoré* et *Ma Cousine*, qui duraient deux heures, entr'actes et longs entr'actes compris, ne prenaient pas toute l'affiche ? Est-ce que toutes les pièces signées Albert Milhaud, Ernest Blum et Hennequin et jouées aux Variétés par Mmes Céline Chaumont, Anna Judic et Réjane sous la direction Bertrand, étaient plus longues que celles de Meilhac et Halévy ? Nos auteurs, aujourd'hui, ne sont-ils pas en droit de présenter aux directeurs tous ces exemples du temps passé ?

Ah ! comme M. Jules Claretie, qui nous brossa, sur cette question des entr'actes, une si pittoresque « Vie de Paris », a cent fois raison de proclamer que nos mœurs théâtrales ont effroyablement changé !..

Que Brisson consulte les registres de la Comédie-Française et les premières *Annales du Théâtre et de la Musique* d'Edmond Stoullig, ou bien qu'il fasse tout simplement appel à ses propres souvenirs! Comme il est déjà loin le temps — trente ans de théâtre! — où, usant des entrées concédées par Verteuil, nous applaudissions, en une seule soirée, *Tartuffe* et *l'Honneur et l'Argent*, cinq actes de Molière et cinq actes de Ponsard, soit dix actes! Un autre jour, le spectacle se composait de *l'Étourdi*, du *Supplice d'une femme* et d'*Il ne faut jurer de rien*, soit onze actes! Got jouait Dumont, ce qui ne l'empêchait pas d'endosser ensuite la robe de l'abbé d'Alfred de Musset; Coquelin aîné, Mascarille admirable, entrait en scène à sept heures tapant, et si Delaunay ne se montrait pas à la fois dans Lélie et dans Valentin, ce n'est certes pas l'envie qui lui en manquait! *Le Gendre de M. Poirier* était invariablement escorté d'une grande comédie de Molière, tout comme *Mlle de la Seiglière* ou *Mlle de Belle-Isle*... L'Opéra-Comique suivait le courant et affichait le dimanche soir, pour sept heures moins un quart, *le Pré aux Clercs* et *la Dame Blanche*, alors que le spectacle de la matinée, aussi copieux que celui de la soirée, se terminait à six heures et demie! Carvalho, fidèle à l'ancien régime, laissait aux musiciens de Danbé, à ses machinistes et à ses ouvreuses, juste le temps de dévorer un petit pain et une tablette de chocolat !

Ces longs spectacles ne sont plus en honneur aujourd'hui... Le bonhomme Poirier n'exige plus que Tartuffe le précède sur l'affiche, et la famille de la Seiglière ne consent à paraître qu'à neuf heures un quart. Les comédiens jouent moins, leurs progrès sont plus lents, et je finis par croire que le bon vieux temps avait son charme !... Mais qu'un directeur reprenne ces traditions, fasse ouvrir ses bureaux à six heures et demie et lever le rideau à sept! Qu'il affiche dix actes! Qu'en pensera le public qui a pris de nouvelles habitudes? Qu'en diront les artistes eux-mêmes, accoutumés à dîner comme tous les mortels, à fumer leurs cigares et à faire tranquillement leur digestion?

Citerai-je les raisons d'ordre matériel qui nécessitent des entr'actes plus longs qu'autrefois? La tâche du machiniste se complique chaque jour : l'électricien, l'affreux électricien chargé de « faire la nuit » veille au fonctionnement de ses innombrables et multicolores appareils. Quant à la comédienne, elle exhibe les riches modèles du vigilant couturier, et chacun sait que la « générale » est maintenant précédée d'une première répétition pour les couturières, d'une seconde pour l'éclairage et d'une troisième pour la pose des décors !...

Avec une mise en scène aussi importante, peut-on vraiment aller plus vite ? Je sais parbleu ! bien que nos directeurs de province gardent les vieilles traditions et n'hésitent pas à afficher le même soir *la Tour de Nesle* et *la Favorite*... Mais s'il y a une différence entre nos charmants théâtres de France et les *Abendschüle* — les écoles du soir — de Berlin et de Vienne, il y a aussi une distinction à établir entre nos grandes scènes parisiennes et les modestes théâtres de province !...

Juin 1905.

ABUS ET RÉFORMES

A Adolphe Brisson.

Il me faut reprendre aujourd'hui la question des entr'actes : c'est mon ami Adolphe Brisson qui m'y oblige, en invoquant aimablement mon témoignage.

Le critique du *Temps*, dans un de ses derniers feuilletons, affirmait que la grande majorité des spectateurs se prononce décidément en faveur des entr'actes durant dix minutes au maximum et demande que le spectacle commencé avant neuf heures soit terminé à onze heures et demie.

Ce sont là des vœux fort sages, mais des vœux quelque peu platoniques. Pour les réaliser, directeurs et auteurs ont le devoir de s'unir, or chacun sait que les écrivains et les impresarii ne se trouvent pas toujours en parfaite communion d'idées; l'auteur invoque les précédents : il rappelle que les pièces de Meilhac et Halévy se jouaient seules, bien qu'elles fussent, pour la plupart, extrêmement courtes et que, pour les accompagner, le traditionnel lever de rideau des mêmes auteurs — souvenons-nous du *Bouquet*, représenté plus de mille fois sur la scène des Variétés ! — suffisait amplement... Pourquoi, d'ailleurs, MM. Henri Lavedan, Alfred Capus, Maurice Donnay et tant d'autres n'auraient-ils pas aujourd'hui, dans les théâtres de genre, les mêmes exigences que leurs illustres confrères ?

Le directeur né, ou, si vous aimez mieux, devenu malin, ne manque pas de rendre l'auteur responsable d'un aussi regrettable état de choses :

— Mais je sais parfaitement, s'écrie-t-il, que le public veut en avoir pour son argent ; je sais que le tarif des places est cher ; je sais qu'un ouvrage en trois actes durant à peine deux heures, entr'actes compris, n'est pas assez copieux ; je sais que la pièce étoffée, emplissant toute la représentation, serait infiniment préférable aux tableautins à la mode ; je sais qu'à ces tableaux trop brefs on pourrait joindre une seconde pièce, non pas un lever de rideau sacrifié d'avance, mais une vraie comédie... Je sais enfin que si les salles restent vides jusqu'à neuf heures et demie, c'est non seulement parce qu'on dîne trop tard, mais aussi et surtout parce que les petits actes que nous présentons au public sont détestables...

Le directeur sait, on le voit, beaucoup de choses... Il ne demanderait pas mieux que de revenir aux anciennes traditions intelligemment conservées par Antoine : il voudrait bien nous procurer la joie d'applaudir des actes tels que *la Grammaire* ou *l'Affaire de la rue de Lourcine* de Labiche, *le Roi Candaule* de Meilhac et Halévy ou *le Homard* de Gondinet, et personne ne prétendra que les auteurs de *la Veine*, d'*Amants* ou du *Nouveau Jeu* sont incapables de commettre une *Grammaire*, un *Roi Candaule*, une *Affaire de la rue de Lourcine*...

Le malheur, c'est qu'ils n'en apportent pas! Et pourquoi en apporteraient-ils? Les théâtres d'à côté ne regorgent-ils donc pas de ces prétendues bluettes dont les grands théâtres n'ont plus que faire ?

Mais la véritable raison de la disparition de la pièce en un acte n'est pas seulement dans la concurrence des théâtres d'à côté... Il ne faut pas, sous prétexte que toutes ces questions se tiennent étroitement, accuser nos directeurs d'inertie et en rester là!... Il convient, au contraire, de trouver le moyen de réagir contre les mauvaises habitudes prises par le public. Cherchons donc ce moyen!

Raccourcissons les entr'actes ! répète Adolphe Brisson... Voilà qui est bien, mais nous ne pouvons tout de même pas, nous ne devons pas, je le redis, germaniser nos théâtres et aussi nos mœurs ! Les spectateurs veulent des entr'actes plus courts, cela est possible ! Mais les spectatrices ? Faites-les voter, celles-là, mon cher Brisson ! Elles répondront qu'elles veulent montrer leurs toilettes, leurs bijoux, leurs chapeaux, qu'elles aiment savoir comment leurs voisines s'habillent et se chapeautent et vous reconnaîtrez avec elles que ces aimables inspections deviennent impossibles du moment que (la voilà, la grande faute des directeurs !) la rampe et le lustre sont systématiquement et économiquement baissés. Qu'on nous rende la pleine lumière d'autrefois, et les spectatrices seront ravies !...

Vous n'avez pas oublié le mot de Sarcey :

— Je ne comprends que ce que je vois bien !

Il y a du vrai dans cette boutade que l'Oncle lançait le lendemain de la représentation d'*Hamlet* à la Comédie-Française !

Cela posé, cherchons par quels moyens auteurs et directeurs corseront les spectacles, ou, pour parler plus exactement, comment ils remettront à la mode la comédie en un acte qui se jouait naguère tantôt après le lever du rideau et avant la grande pièce, tantôt pour finir...

Le lever de rideau, vous le savez, a son histoire.

Lorsqu'il y a quelque vingt-cinq ans je franchis pour la première fois les coulisses de certain théâtre de genre, on parlait beaucoup des levers de rideau. On me contait que les petits actes, fabriqués dans les prisons par de naïfs inconnus, devenaient la propriété des chefs de claque, des marchands de billets, lesquels les achetaient 500 francs et en touchaient ensuite régulièrement les droits quotidiens. Cette méthode, qui permettait à un inconnu de gagner vingt-cinq louis comptant et au marchand de billets de faire fortune sans se donner beaucoup de mal, se poursuivait durant de longues années à la satisfaction des intéressés, quand un jour la Commission des auteurs manda à sa barre le marchand de billets lui-même et l'invita à rembourser 20000 francs au réclamant. Le réclamant, vous l'entendez bien, c'était l'auteur lui-même : on avait négligé de le prévenir; il eut un soir la bonne idée de se rendre en un théâtre du boulevard avant que les chandelles fussent allumées : il assista à la représentation du lever de rideau et ce lever de rideau, signé d'un pseudonyme, adroitement changé de titre, et accompagnant depuis un an sur l'affiche la pièce à succès, était de lui! On lui versa les droits de trois cent soixante-cinq représentations. Quand je dis *on*, je veux dire l'entremetteur, le gros banquier de

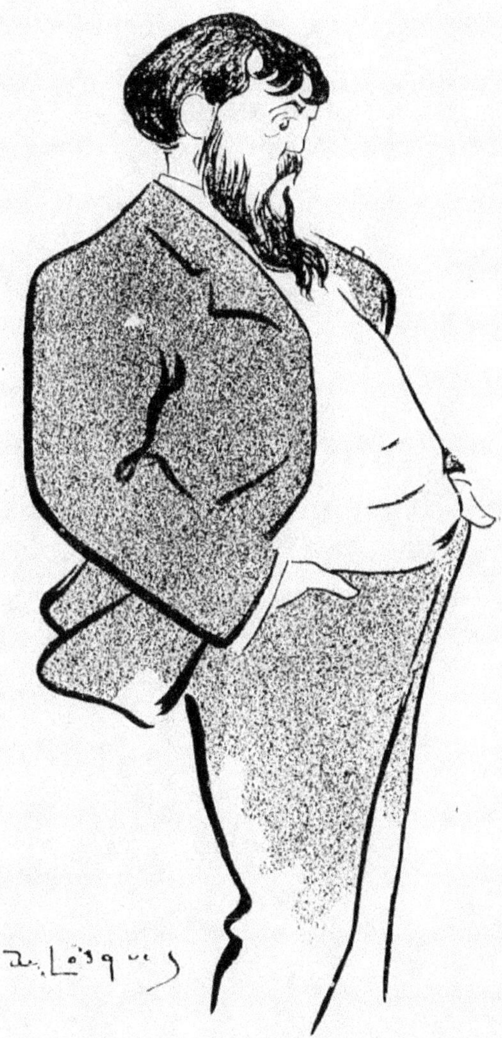

M. Adolphe Brisson.

théâtre, le fortuné marchand de billets ! C'est alors que, pour prévenir le retour de pareils faits, la prévoyante Commission des auteurs décida que le fabricant d'un lever de rideau toucherait uniformément la modique somme de quinze francs.

Et voilà pourquoi, mon cher Brisson, nous n'avons plus ni *Grammaire*, ni *Homard*, ni *Roi Candaule*. Toucher quinze francs par soir pour commettre une *Grammaire*, un *Homard* ou un *Roi Candaule*, c'est trop peu, c'est presque humiliant...

La morale de cette histoire, c'est que la Commission des auteurs peut ici encore intervenir de la plus utile façon. Elle vient, cette Commission, au nom de la Société qu'elle représente, de remporter une victoire éclatante entre toutes. Ceux-là mêmes qui parfois la chicanèrent et désolèrent notre regretté ami Gustave Roger, se laissèrent séduire par les arguments irrésistibles, par la parole entraînante, par l'éloquence vraiment admirable de M. Raymond Poincaré : je ne sais rien, en effet, pour ma part, de plus vivant et de plus beau que cette Histoire du théâtre tracée par ce maître du barreau en ces mémorables séances de la première chambre. Mais triomphe oblige, et nul ne contestera que quelques réformes pourraient aisément se faire...

Pourquoi la Société, tout comme M. Antoine, ne reviendrait-elle pas aux vieilles traditions ? Pourquoi (je ne parle pas ici, bien entendu, de la Comédie-Française, qui a un régime spécial) n'allouerait-elle pas 1 % ou même 2 % à l'auteur d'une pièce en un acte ? Elle amènerait ainsi les auteurs à faire des petits actes sérieux, soignés, qui attireraient le public.

Voilà, j'imagine, une mesure facile et pratique : elle dépend des auteurs. Quant à la réforme qui consiste à renoncer aux fausses économies d'éclairage, les directeurs seuls peuvent en prendre l'initiative.

Et lorsque, les directeurs et les auteurs aidant, le public verra ou plutôt reverra clair et en aura, comme autrefois, pour son argent, il se souciera moins, je crois, de la durée et de l'importance des entr'actes.

Malheureusement les abus continuent et les réformes n'aboutissent guère... Le très distingué architecte de la Préfecture, M. Bunel, mort trop tôt pour exécuter un programme excellent, me disait un jour, au sortir d'une Commission dont nous faisions tous deux partie :

— N'en doutez pas ! Ma proposition sera enterrée à l'exemple de beaucoup d'autres... Il s'agit bien du public !... Vous ne comptez donc pour rien les loges, les fauteuils et les entrées que les directeurs sont condamnés — oui, condamnés ! — à adresser à tous les Ayants Droit ?... Ils sont légion, ces Ayants Droit !... Pourquoi, de temps à autre, ai-je pu réaliser quelques petites réformes, oh ! toutes petites !.. Pour la seule raison que j'ai toujours refusé toutes ces libéralités directoriales !... Cet échange de soi-disant bons procédés est odieux, et le public seul est le dindon de ces farces !...

M. Bunel, que nos gens de théâtre connaissaient bien, redoutaient un peu et estimaient beaucoup, voyait juste. Et savez-vous, mon cher Brisson, ce que ce brave homme dirait aujourd'hui ? « Les uns économisent et font la nuit dans leurs salles et sur leurs scènes ; les autres accaparent l'affiche et tuent la pièce en un acte... Et c'est contre les entr'actes que vous pestez ! »

Ne trouvez-vous pas que le langage de ce bon architecte serait celui d'un sage ?

Juin 1905.

LES LEVERS DE RIDEAU

J'ai reçu, en réponse à mon dernier article, cette intéressante lettre de M. William Busnach :

Mon cher Bernheim,

J'ai lu avec le plus vif intérêt votre dernier article des Trente Ans de théâtre, paru dans *le Figaro*.

Il m'a rajeuni d'une trentaine d'années, car ledit article, très bien fait et très sensé, résumait étonnamment deux ou trois conversations que j'ai eues autrefois avec Francisque Sarcey, qui, vous ne devez pas l'avoir oublié, guerroyait, dès qu'il en trouvait l'occasion, en faveur des spectacles coupés, c'est-à-dire composés de pièces en un acte telles qu'on en donnait jadis au Palais-Royal, au Gymnase et au Vaudeville. Aujourd'hui, dans ces trois théâtres, les directeurs ne veulent plus entendre parler que de grandes pièces, en trois, quatre ou cinq actes.

Vous citez parmi des pièces hors pair représentées autrefois : *le Homard*, *la Grammaire* et *le Roi Candaule*. Il y en aurait plus de cent à citer dans le même genre, qui ont fait la fortune des directeurs et qu'ils ont eu, selon moi, le tort d'abandonner aux théâtres d'à côté qui en font à présent leurs choux gras.

Le public, dînant très tard maintenant, ne se rend guère au théâtre que vers neuf heures et demie et la plupart du temps ne voit pas le premier acte des grandes pièces.

Et je me souviens de l'immense succès du *Brésilien*, par exemple, qui, joué par Brasseur et Gil Pérès, ne commençait guère qu'à dix heures trois quarts et suffisait pour faire salle comble.

Aujourd'hui, lorsqu'un grand ouvrage ne réussit pas, le directeur est fatalement contraint soit à reprendre la pièce qu'il a abandonnée, soit à une reprise d'un vieux vaudeville pendant le mois qui lui est indispensable pour monter un ouvrage nouveau. Tandis que dans le temps dont nous parlons, si une pièce en un acte tombait, elle était remplacée au bout de huit jours par une autre.

Mais il était indispensable que les trois pièces qui composaient le spectacle fussent jouées par l'élite de la troupe.

Donc, vous avez eu absolument raison de reprendre la plaidoirie de Sarcey, et je suis convaincu que les jeunes auteurs trouveraient leur compte à cette combinaison qui leur permettrait de s'essayer dans de petits actes. Sans compter que les maîtres du théâtre ne dédaigneraient pas certainement d'en apporter, eux aussi, de nouvelles, ce qui ravirait le public.

Je suis, en outre, persuadé que la plupart de mes grands confrères seraient de votre avis, en admettant toujours que la pièce dite « lever de rideau » ne toucherait qu'un droit minime, puisque généralement elle ne se joue que devant les banquettes.

Je crois qu'il est bon à un homme de votre autorité de continuer cette campagne, et je suis enchanté que vous l'ayez entreprise.

Agréez, mon cher Bernheim, l'assurance de mon cordial dévouement.

William BUSNACH.

Je me fais un devoir de transmettre ces observations, et aussi ces remerciements, à mon excellent ami Adolphe Brisson. C'est lui qui, dans *le Temps*, a abordé la question des entr'actes. Celle des levers de rideau et des pièces en un acte s'y rattache étroitement, et je suis bien certain qu'Adolphe Brisson nous aidera à réagir contre ces abus dont souffrent les auteurs, les directeurs, les artistes — et le public.

Juillet 1905.

BOISSELOT

Il y a une vingtaine d'années, j'allais souvent au Vaudeville, dirigé par le plus charmant des hommes, Raymond Deslandes. Mon ami Henry Becque me répétait bien, les dents plus serrées que jamais, à travers un retentissant éclat de rire :

— Prenez garde !... Ce Deslandes est capable de tout. Et vous savez !... Quand les directeurs sont capables de tout... Quoi !... Quoi !... Vous me comprenez !...

Je savais, en effet, que Raymond Deslandes avait monté une des moindres œuvres de l'admirable écrivain des *Corbeaux* et de *la Parisienne*, et que cette pièce n'avait que médiocrement réussi... Malgré les sévères admonestations de Becque, je continuai à fréquenter l'aimable Deslandes et son théâtre. Le régisseur de la scène du Vaudeville était précisément Boisselot qui vient de mourir. C'est lui qui nous invitait au silence et infligeait des amendes aux comédiennes trop bavardes.

— Je suis leur pion, faisait-il... Mais, mon Dieu! qu'elles m'obéissent mal!

Puis, comme s'il rougissait de ses fonctions de surveillant, Boisselot courait dans sa loge, endossait le costume du rôle dont il était chargé et redescendait gaiement en scène :

— Ma petite amie, murmurait-il sur le ton le plus doucereux, s'adressant à la comédienne qu'il avait tout à l'heure rappelée à l'ordre, je puis tout entendre maintenant que votre régisseur général n'est plus là!

Au fonctionnaire faisait place le camarade, contant mille histoires du temps passé, évoquant le souvenir de ses débuts lointains à Bruxelles, composant des madrigaux pour l'ingénue, des sonnets pour la doyenne, n'oubliant pas qu'il confectionna en sa première jeunesse d'amusants vaudevilles, au sortir de cette fameuse institution Massin où Sarcey avait été son voisin de classe...

Boisselot était, en 1885, le maître Jacques du Vaudeville de Raymond Deslandes. A midi et demi, il arrivait, préparait la mise en scène, assistait à la répétition et ne quittait le théâtre qu'après minuit, au désespoir de la famille Pamard préposée à la loge du concierge.

Le bon Boisselot eût été alors le plus heureux des mortels si une infirmité détestable n'était venue troubler de temps à autre ses répétitions, ses représentations et ses nuits. Il souffrait de douleurs néphrétiques...

Il avait, durant vingt années, en ce Vaudeville où Victorien Sardou marchait de triomphes en triomphes, marqué le pas et trouvé toujours devant lui Parade et Delannoy, et plus tard Joly, titulaires de l'emploi. Des rôles qui lui revenaient de droit lui avaient échappé ; la critique rendait justice à sa bonhomie narquoise et à la finesse de son jeu ; elle constatait qu'il excellait à mettre au premier plan des silhouettes épisodiques ; elle doublait ainsi, sans y prendre garde, les regrets du comédien... Mais toutes ces petites infortunes, peu rares au théâtre, ne le troublaient guère et, en doux Philinte

> Qui prend tout doucement les hommes comme ils sont,

il eût considéré le Vaudeville comme le Paradis si cette maudite gravelle ne lui eût joué les plus vilains tours...

Un soir que de terribles craquements de reins se faisaient entendre, Boisselot me dit ces simples mots :

— Ah ! vous ne vous doutez pas de ce que c'est, vous ! Vous êtes jeune ! vous verrez ça !

— Je ne sais pas ce que c'est ! interrompis-je plein de pitié pour le pauvre homme qui, brisé de douleur, entrait en scène.

C'est ainsi que nous fîmes connaissance, Boisselot et moi. Il ne fut question que de Contrexéville, d'huile de Harlem, de stigmates de maïs, de queues de cerises et de mille remèdes plus bêtes les uns que les autres. Une sympathie toute naturelle était née entre deux hommes parfaitement heureux d'être au monde et souffrant du même mal... Il est donc tout naturel que je rende aujourd'hui un tout particulier hommage à mon cher compagnon de gravelle...

*
* *

Du Vaudeville de Raymond Deslandes et Albert Carré, Boisselot, on s'en souvient, passa au Gymnase : il y créa Desclos, de *Rosine*, une des plus délicieuses comédies d'Alfred Capus. Oserai-je dire que ce rôle fut, avec Bassecour des *Faux Bonshommes*, le plus parfait de sa longue carrière ? Je vois encore Boisselot s'avancer vers la rampe, prendre la main de Rosine (Mlle Valdey), la mettre dans celle de Georges

(M. Maury), et, après un imposant silence, dire aux jeunes mariés :

— Mes pauvres enfants ! Ne vous dissimulez pas que vous faites une des plus grandes folies que l'on puisse faire à votre âge. Ce qui me tranquillise, c'est qu'à notre époque il n'y a plus que les folies qui réussissent et qu'il n'y a plus que les choses imprévues qui arrivent !

Et il ajoutait (n'était-ce la morale de la comédie même ?) :

— Surtout, ne vous découragez jamais !

On sentait, à la façon dont il détaillait ce petit couplet, que l'interprète se trouvait en parfaite communion d'idées avec son auteur, qu'il comprenait à merveille cette ironie douce, cette sensibilité contenue, cette philosophie tempérée, cette confiance toujours souriante qui restent les marques essentielles du talent d'Alfred Capus.

Mais quelle erreur de répéter que Boisselot fut un disciple de Geoffroy, de cet admirable Geoffroy que nous, les Cadets du théâtre, — oh ! pas ceux de Gascogne, rassurez-vous, mon cher Lapauze ! — nous applaudîmes dans *Perrichon*, *le Réveillon*, *Gavaut Minard* et *la Boule*... Geoffroy, interprète rêvé de Labiche et même de Meilhac, eût été sans doute, avec un peu plus de diction et de style, Orgon ou Argan, Chrysale ou Bartholo, et peut-être même Arnolphe. Il avait la solennité triomphante et la bêtise superbe du bourgeois parvenu : il arrondissait ses personnages, il les épanouissait à plaisir. Boisselot, au contraire (et remarquez qu'il ne reprit que fort rarement des rôles de Geoffroy), apportait dans l'exécution de ses personnages une discrétion un tantinet voulue : il jouait en dedans et rentrait ses effets... Tous deux, cela n'est pas douteux, parlaient un peu bas, sans trop se soucier du public : leur diction était martelée et leur articulation imparfaite ; mais la ressemblance, à mon sens, s'arrêtait là, et leurs tempéraments aussi bien que leurs qualités de comédiens restaient essentiellement différents. Qui sait même — c'est une observation que je présentai un jour à Boisselot — si le créateur de Desclos de *Rosine* n'avança pas sur son temps et sur notre théâtre même ! Il en est des comédiens comme des pièces. Combien d'œuvres échouèrent pour être venues trop tôt !

Boisselot, qui passait pour appartenir à la vieille école, fut en réalité un comédien essentiellement moderne. Sa réputation ne s'établit que lentement ; il fut surtout et avant tout le comédien d'Alfred Capus... *Mariage bourgeois*, *la Châtelaine*, *Monsieur Pié-*

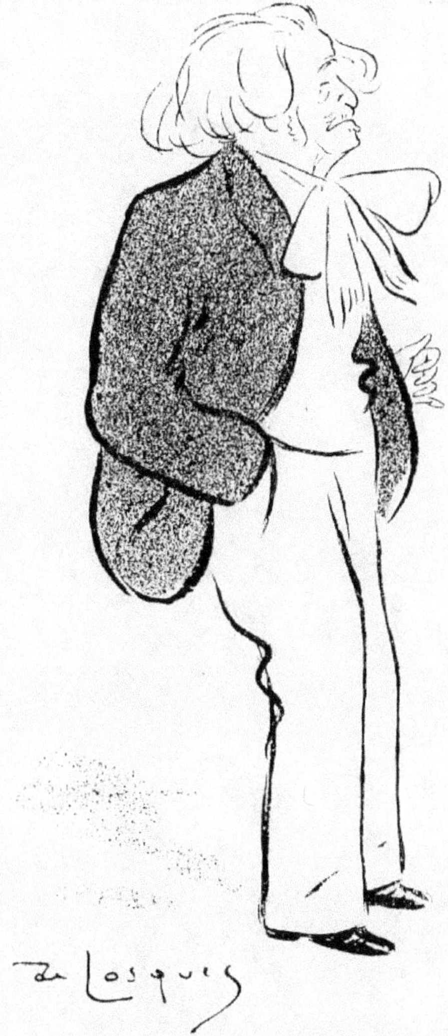

M. Boisselot dans *la Massière*.

gois lui valurent, après *Rosine*, des succès décisifs... Ajouterai-je qu'Alfred Capus tint toujours Boisselot pour « un des deux premiers comédiens de Paris » et que Lucien Guitry, par modestie sans doute, le considérait comme le premier de tous...

Voilà comment auteur et directeur offrirent au comédien la plus éclatante des revanches. Boisselot créa un emploi, et l'on dit couramment aujourd'hui les Boisselot comme on disait naguère les Geoffroy, les Dupuis, les Brasseur... Et c'est, à n'en pas douter, parce qu'il se sentait grandir auprès du public que Boisselot supporta, sans ombre de tristesse, le poids des années... La dernière fois que je le vis, à la répétition générale de *Monsieur Piégois*, je lui demandai des nouvelles de sa santé.

— Ridiculement bonne! s'écria-t-il. Plus jamais de douleurs néphrétiques!

Les succès de ces dernières années lui rendirent la pleine santé. Comment, d'ailleurs, Boisselot eût-il ignoré que tout homme a dans la vie une heure décisive, un moment où les autres hommes semblent travailler pour lui, où les fruits viennent se mettre à portée de sa main pour qu'il les cueille? N'est-ce pas Julien Bréard, un proche parent de Desclos, qui nous expliqua que cette heure sonne à une horloge invisible et que, tant qu'elle n'a pas sonné, nous avons beau déployer tous les talents et toutes les vertus, il n'y a rien à faire !...

Boisselot n'eut pas plus de talent au Gymnase et à la Renaissance qu'il n'en montra au Vaudeville et au Palais-Royal... C'est l'heure de la Veine qui se faisait attendre ! Elle sonna enfin, et elle sonna définitivement pour lui le 2 juin 1897, le soir de la naissance de *Rosine*...

Depuis huit ans, Boisselot était le plus heureux des hommes.

Juillet 1905.

1883-1905

C'est la grande semaine du Conservatoire qui commence demain par le concours de chant, et vous savez déjà que critiques, soiristes, courriéristes ont le devoir, en ces jours solennels, de réunir leurs notes et souvenirs sur notre École de musique et de déclamation. Il est interdit de traiter d'autres questions que celle qui touche notre enseignement : on fait son Conservatoire comme on fait ses Pâques. J'ai donc, me conformant à la règle, passe mes deux jours de fête à compulser les *Annales*, d'Edmond Stoullig, les *Almanachs*, d'Albert Soubies, *les Mille et une Nuits du théâtre*, de Vitu, les feuilletons de Sarcey, et aussi un tout petit opuscule aujourd'hui bien oublié, que je vous recommande, et dont le titre est *l'Enseignement dramatique au Conservatoire*. Il remonte à 1882 : il a, comme vous voyez, vingt-trois ans d'âge. Quant à l'auteur...

C'est moi-même, je crois, sans nulle vanité !...

J'avais en la circonstance — il me faut tout avouer — un collaborateur répondant au nom, fort connu au Palais, de Léo Leymarie. Homme charmant d'ailleurs, amateur passionné de théâtre et habitué du foyer de la Comédie, au temps heureux et bien lointain où notre chère amie Madeleine Brohan dirigeait la Société amicale des Chevreuillets. J'ai relu hier, non sans quelque tristesse, le petit livre, et je me suis senti pris d'une immense indulgence... Hélas! oui, j'ai, comme les camarades, soutenu des opinions que je jugeais bonnes et que je retrouve aujourd'hui défendues par des confrères qui ont vingt ans de moins que moi, et j'ai fait, sans y prendre garde, beaucoup de peine à des écrivains, à des comédiens et, ce qui pis est, à de fort jolies femmes, sous prétexte que j'exerçais les fonctions sacerdotales de feuilletoniste hebdomadaire. Quand je pense que j'ai désolé, durant de longues années, Pierre Laugier qui n'est pas seulement un bon comédien classique de la vieille école, mais qui est un homme excellent! Quand je pense que j'ai adressé les pires injures — et pourquoi, mon Dieu! — à l'auteur du *Maître de forges*! que j'ai attristé par des critiques presque malveillantes une des plus admirables tragédiennes de notre temps, Mme Segond-Weber, et que j'ai conté sur notre

École de musique et de déclamation un tas de choses parfaitement inutiles !...

Ce sont là des péchés de jeunesse. Oserai-je dire que mon opuscule ne constitue qu'un demi-péché, puisque les chapitres concernant les professeurs et leur manière d'enseigner sont l'œuvre de mon collaborateur? J'expéditionnais alors les minutes et rédigeais les lettres du bureau des musées et des souscriptions aux ouvrages d'art, et mon regretté ami Gustave Ollendorff, mon chef hiérarchique, m'incitait à la révolte... Cela l'amusait, lui, le distingué et bouillant secrétaire de la Conférence Molé, lui l'avocat utile des grandes causes politiques, d'émoustiller certains collègues qui se faisaient remarquer par un républicanisme digne du préfet de *Bataille de dames* !...

Je suivis donc, autorisé par Ollendorff, les cours de déclamation du Conservatoire. Je crois vous avoir déjà dit qu'au nombre des auditeurs se trouvait un futur directeur du protocole, aujourd'hui ministre de France à Copenhague, mon ami Philippe Crozier. Nous avions aussi des auditrices, et des auditrices de marque: les délicieuses mamans des jeunes élèves!... Et nous étions à peine majeurs ! Pensez-y !

Les professeurs de comédie s'appelaient Got, Delaunay, Worms et Maubant.

Got, tout comme Boisselot dont nous parlions l'autre jour, avait été le camarade de classe de Sarcey, et sur les tableaux d'honneur du lycée Charlemagne vous trouverez inscrit en lettres d'or le nom de l'ancien doyen de la Comédie. Prix d'honneur au Concours général, admissible à l'École normale, il aimait à rappeler ses titres d'universitaire et je crois bien que, de tous ses rôles, celui qu'il préférait, c'était encore celui de professeur de diction à l'École normale. On y avait créé une classe tout exprès pour lui, et, chaque semaine, il escaladait l'impériale de l'omnibus Palais-Royal-Auteuil (il habitait le hameau Boulainvilliers) et gagnait la correspondance d'un second omnibus le conduisant rue d'Ulm ! Il était à Normale dans son véritable élément. Il commentait et disséquait les classiques devant un auditoire d'élite. Au Conservatoire, il indiquait bien à ses élèves la marche à suivre : il leur prouvait que le théâtre est l'art de *lâcher* un grand nombre de choses pour *sauver* les autres et les mettre en relief ; que tout changement d'idée dans le dialogue doit être préparé par un changement de position du corps, et qu'enfin — point essentiel — la diction demande à être rythmée et musicale. Mais l'écueil c'est que les jeunes gens (les Féraudy, les Le Bargy, les Georges Berr et les

Weber étaient l'exception), pour la plupart peu instruits, ne le comprenaient pas et se trouvaient dans l'impossibilité de profiter de telles leçons. C'était son regret... Malgré lui, Got restait le professeur de l'École de la rue d'Ulm, apportant jusque dans ses boutades une finesse et une fantaisie qui déconcertaient les naïfs épeleurs de Molière.

La manière de Delaunay était tout autre. Je vois encore, à vingt-trois ans de distance, l'inimitable Perdican grimper sur le petit théâtre du Conservatoire, préparer la mise en scène, régler lui-même les moindres détails, tenir tous les rôles, les amoureux et les ingénues, les grimes et les jeunes premières, et montrer à l'élève tous les procédés, tous les effets. Nul ne connaissait mieux le répertoire et ses traditions; nul n'était plus « théâtre » dans la vieille acception du mot. On sentait que ce merveilleux maître ne vivait que pour son art et qu'en dehors de la Comédie et de sa chaire, rien n'existait. Heureuses gens pour qui la vie est bornée par la rampe, la toile de fond, le côté cour et, le côté jardin!... Mais quel chagrin le jour où, atteint par la limite d'âge, Delaunay dut renoncer au professorat!

Il ne se faisait aucune illusion sur la fragilité de la gloire du comédien... « Les comédiens, a-t-on dit, ressemblent à ce personnage d'un conte fantastique d'Hoffmann qui, assis devant une toile blanche, donnait avec un pinceau sans couleur toutes les touches nécessaires pour réaliser un tableau. » Delaunay savait tout cela, et jamais je n'oublierai l'angoissant : « Je suis donc encore de ce monde ? » qu'il laissa tomber lorsqu'en octobre 1896 j'allai à Versailles lui demander de prendre part au gala en l'honneur du Tsar. Ce soir-là il dit, comme il ne l'avait sans doute jamais dite, *la Soirée perdue*, de Musset. Il eut son heure de résurrection...

Worms n'a pas eu cette douleur, si sensible à Delaunay... Il quitta le public en plein talent, en plein succès, entouré d'honneurs et de regrets. Cette retraite volontaire — est-il besoin de le rappeler ? — affligea son administrateur, ses camarades de la Comédie et ses collègues du Conservatoire. C'est qu'il s'était créé, au théâtre comme à l'école, une place toute spéciale : on admirait le comédien, on aimait et on appréciait l'homme. Quant au professeur, il employa une méthode qui, si j'en crois ses plus distingués disciples, M. Duflos, Mlles Brandès, Cerny, Suzanne Desprès, produisit les meilleurs résultats : il souhaitait, avant tout, que l'élève se laissât aller à sa nature et à ses dons. Pestant sans cesse contre le procédé conventionnel et l'effet voulu, luttant contre le chant, le ronron et la tyrolienne tragique, il s'ingéniait à communiquer à chacun un peu de la netteté et du nerf de son jeu et de sa diction, un peu de sa passion intérieure. Ce fut, à mon sens, un maître admirable, le plus parfait de ce quatuor de 1882-83.

Car je me garderai bien d'oublier Maubant, le brave Maubant qui, tout compte fait, ne déparait pas l'ensemble. L'homme qui jouait avec autant d'onction que de componction don Diègue, le vieil Horace, Auguste, Burrhus et même Ruy Gomez d'*Hernani*, — cet homme-là ne pouvait qu'offrir de doctes et généreux conseils... Assurément Maubant gardait au fond du cœur de secrètes préférences pour le genre tragique, mais il savait tout de même, le cas échéant, donner à Mascarille et à Agnès, et même à la moderne duchesse de Septmonts, le ton et le mouvement d'une scène. Du grand art? non, mais de la très convenable besogne.

Voilà pour les professeurs. Je vous parlerai une autre fois des jurés de 1882. Vous devinez bien que la plupart d'entre eux ont disparu !...

Août 1905.

AUTOUR DU CONSERVATOIRE

Les boutades d'Auber, les manies d'Ambroise Thomas, les surprises des vieux palmarès, tout vient d'être dit et redit sur le Conservatoire. Les uns rappellent que Suzanne Reichenberg, Jeanne Samary, Jeanne Ludwig, Lucienne Bréval, de Féraudy, Le Bargy, Duflos, Georges Berr obtinrent les premières récompenses. Ils en concluent que les premiers prix vont toujours aux plus méritants. Les autres constatent que les Coquelin, les Worms, les Sarah-Bernhardt, les Mounet-Sully, les Barretta, les Rose Caron, les Bartet, les Réjane gagnèrent des seconds prix, voire des accessits, et proclament que les qualités du comédien ne se développent le plus souvent qu'après l'École.

A vrai dire, ces deux opinions restent parfaitement défendables. L'intelligence est-elle nécessaire à l'interprète ? Est-elle pour lui la qualité essentielle ? « La plupart du temps, écrivait M. Jules Lemaître, les comédiens ne jouent pas : on joue d'eux. Je ne

Le Jury au Conservatoire.

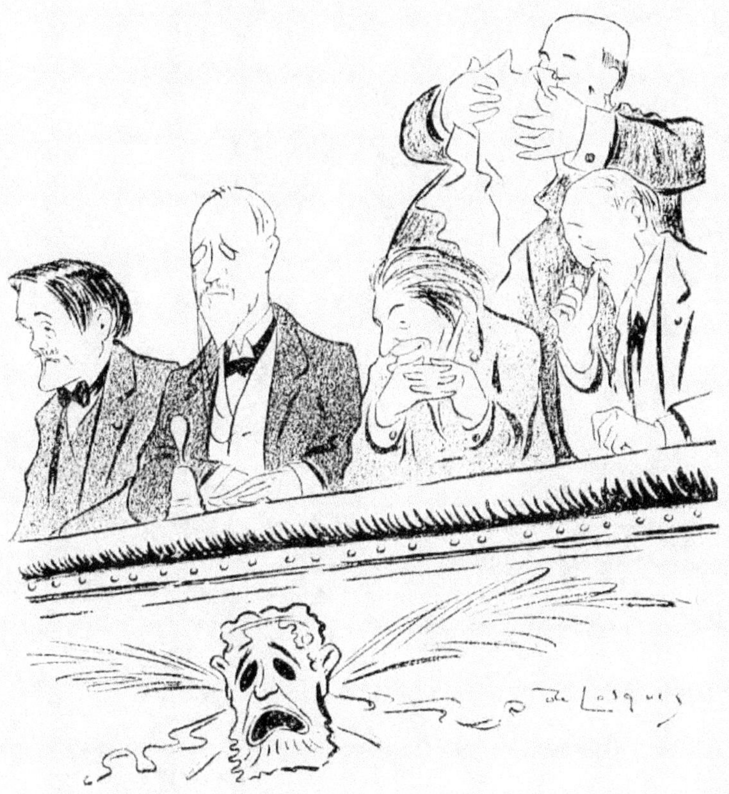

M. Hervieu. M. Bernheim.

M. Sardou.

M. Th. Dubois. M. Claretie.

prétends pas que les plus intelligents soient les plus mauvais, mais il est encore moins vrai qu'ils soient toujours les meilleurs. »

J'ai entendu Got (je vous contais l'autre jour qu'il se montra, surtout à l'École normale, un professeur merveilleux) soutenir tour à tour, avec une extraordinaire fantaisie, les deux théories, et comme je m'étonnais de ce revirement :

— Ne vous effarouchez pas pour si peu, jeune homme ! faisait-il hochant la tête et sur un ton qui accusait son superbe scepticisme. Nous sommes tous les mêmes... Nous varions selon nos rôles, nos succès et nos chutes et suivant une foule de considérations, dont nous ne voulons pas nous rendre compte... Rien n'est plus changeant que l'âme du comédien ! L'optique, n'oubliez pas l'optique !... Ce n'est fichtre pas une plaisanterie que l'optique !... Un mot qui ne signifie rien, je le reconnais, comme nombre de mots de théâtre ! Mais, croyez-le bien, il y a tout de même, chez nous autres et aussi chez nos auteurs, nos directeurs et chez tous ceux qui *touchent à la rampe*, une outrance conventionnelle, mais fatale, mais indispensable ! Cette exagération continuelle, ce perpétuel besoin de démonstration, mais c'est le charme de notre existence, à nous autres ! Nous sortons de nous-mêmes tous les soirs... Nous menons durant quelques heures une vie idéale : je m'imagine que je suis tour à tour Poirier et Giboyer, duc Job et Jean Baudry, et je vous assure que ce sont là des joies uniques !..

Toucher à la rampe... Got avait une façon si comique de scander et de jeter ces mots, qu'il était impossible de ne pas songer au précepte du philosophe : « Le vrai bonheur c'est de sortir de soi. »

Ce que Got oubliait de dire, c'est qu'au théâtre plus peut-être que partout ailleurs il faut être dans les « dix premiers »!... Que de misères inavouées et insoupçonnées ! M. Jules Claretie contait, il y a quelques jours, l'histoire de la robe de concours de notre amie Mme Weber... Elle ignorait, la malheureuse, la veille de l'examen final, si elle pourrait seulement paraître en public !

Et les pauvres petites qui obstinément, trois, quatre, cinq années de suite, jusqu'à la terrible limite d'âge, frappent à la porte du Conservatoire, subissent chaque année l'épreuve traditionnelle, se voient d'abord admises au premier examen, puis éliminées au second ! Que d'espérances s'écroulent en une seule minute !

— Si vous saviez, me contait le bon Moreau, l'huissier en chef de notre Conservatoire, si vous saviez comme je tremble quand je fais, dans la cour, l'appel des élus !... Annoncer à tous ces jeunes gens, qui depuis des années ne pensent qu'à ça, qu'ils vont vivre ou mourir...

C'est là, en effet, que la lutte commence, la lutte pour le théâtre !.. Sait-on, par exemple, que cette charmante Marie Leconte, qui tient aujourd'hui une des premières places à la Comédie-Française, se trouva, après avoir été refusée à l'examen d'entrée, dans l'impossibilité de tenter une seconde fois l'épreuve ? Je la revois, il y a une douzaine d'années, au théâtre de Contrexéville : la directrice, Mme Aurèle, l'avait engagée, moyennant trois cents francs par mois, pour tenir l'emploi des ingénues et celui des amoureuses, les Reichenberg et les Barretta !... Elle jouait aussi bien *le Flibustier* que *François le Champi*, la Diane de Xaintrailles du *Marquis de Villemer* que *les Fourchambault*, ou l'Annette de la salade japonaise de *Francillon*. Elle avait appris, avant de se mettre en route, quinze rôles, et elle accomplissait cette dure besogne courageusement, en petite fille décidée à vaincre... Nous la regardions, tous les jours, à la même heure, très exactement, se rendre à la répétition. Nous étions là quelques Parisiens suivant assidûment les excellentes représentations du théâtre, et nous nous demandions comment, par quels prodigieux efforts de mémoire tous ces jeunes comédiens obtenaient de pareils résultats. Je ne connaissais Marie Leconte — les Contrexévillois l'appelaient déjà familièrement *la petite Leconte* — que pour l'avoir applaudie. Je lui transmis les félicitations de quelques baigneurs de mes amis et, toute tremblante d'émotion, elle me répondit :

— Vous ne pouvez pas vous douter, monsieur, de la joie que vous me causez... Ces compliments-là me porteront bonheur et j'espère que vous vous souviendrez de moi...

La petite Leconte tint parole : elle réalisa, elle dépassa les espérances des buveurs d'eau, et quand il y a trois ans elle fut nommée sociétaire de la Comédie-Française elle soupira, les larmes aux yeux, un « Souvenez-vous de Contrexéville ! » qui découvrait le gentil petit cœur de l'exquise comédienne. Oh ! oui, l'exquise comédienne qui, n'ayant pas passé par l'école, trouva le moyen, même après Mme Barretta-Worms, de nous charmer dans la Rosine du *Barbier* !...

Les Segond-Weber et les Marie Leconte n'étaient pas, autrefois, l'exception... Une autre comédienne pleine de talent, Mlle Léonie Yahne, a conté, non sans une légitime fierté, qu'elle dut, faute d'argent, renoncer à une seconde présentation au Conservatoire et s'enrôler à l'Odéon où elle eut la chance de paraître, et avec quel succès, sous les traits de l'Innocent de *l'Arlésienne*.

M. Émile Réty, qui en a tant vu durant ses quarante années de Conservatoire, ne défendit-il pas Mme Rose Caron contre ses professeurs qui la décourageaient ? La jeune Réju, aliàs Gabrielle Réjane, n'était pas bien riche, je crois, quand perchée en un modeste sixième de la rue des Martyrs, elle se préparait, sous la direction de Régnier, à débuter au Vaudeville, dans une pièce intitulée *la Revue des Deux Mondes*... Je pense aussi que Mme Julia Bartet ne se doutait guère, au moment où on la gratifiait d'un second accessit, qu'elle honorerait un jour l'art dramatique et serait — aux applaudissements de tous — la première comédienne portant le ruban rouge.

Par bonheur, ces mauvais temps ne sont plus. Tout s'arrange aujourd'hui : l'heureuse Veine se met de la partie et les robes de concours ne manquent plus à nos tragédiennes. Je vous ai narré autrefois les débuts de la petite Marie-Thérèse Piérat : elle est fille d'une comédienne fort appréciée : elle ne songe pas au théâtre : elle prépare son brevet supérieur, elle pioche ses classiques et l'idée lui vient de lire des vers devant sa maman. La voix semble jolie et bien timbrée... Elle relit les vers... Si elle se présentait au Conservatoire? En quelques jours elle apprend une scène, sans professeur. Six jurés votent pour elle, six autres contre : on hésite...

— C'est la fille d'Alice Parot que vous avez applaudie à l'Odéon, dit M. de Féraudy. Je crois en elle et je m'en charge !...

Deux mois se passent et la jeune Piérat gagne le prix Ponsin réservé à l'élève femme donnant les plus sérieuses promesses ; c'est une révélation. M. Ludovic Halévy affirme qu'une nouvelle étoile est née et, à la fin de l'année scolaire, la lauréate du prix Ponsin remporte à l'unanimité le premier prix. Elle entre à l'Odéon : elle y crée quelques rôles : la Comédie la réclame et, après deux années de pensionnariat, la jeune fille, qui n'a pas vingt ans, est nommée sociétaire.

— Mais c'est une exception, Piérat! soupirait hier une des plus brillantes lauréates du concours de cette année. Il y en a une sur mille !..

Ne sachant que répondre, je lui rappelai l'histoire

d'une autre sociétaire, rayonnante Célimène... Rien n'y fit...

Got, en son triomphant optimisme, n'avait pas songé aux découragements bien compréhensibles, de nos lauréates du Conservatoire !.. Leurs premiers succès leur font peur et elles n'osent même pas s'en réjouir...

Août 1905.

POUR LE PÈRE LA VICTOIRE

Je voudrais tout d'abord répondre à une question et dissiper un malentendu.

Dès la fondation de nos Trente Ans de théâtre, il fut décidé que tous les imprévoyants du théâtre pourraient frapper à notre porte : auteurs, directeurs, artistes, régisseurs, souffleurs, machinistes, j'en passe ! — autrement dit ceux et celles ayant tâté de cette vie si chatoyante en apparence, si décevante en réalité... Telle fut l'idée première, l'idée fondamentale de notre Société... Il fut également convenu que les imprévoyants du concert pourraient, le cas échéant, être secourus par nous. Mais cet article additionnel, je puis bien le confesser aujourd'hui, souleva quelques objections. Beaucoup d'entre nous déclaraient que les cafés-concerts, les music-halls et les cirques ne pouvaient, avec la meilleure volonté du monde, être considérés comme des théâtres réguliers et que nous serions fatalement et inévitablement débordés. Notre brave et excellent Fugère, qui rend d'inappréciables services à nos Trente Ans de théâtre, nous suppliait de ne pas aller trop vite...

— Nous n'y suffirons pas, répétait notre vice-président... Songeons que nos malheureux sont légion et que si, selon toute équité, nous voulons ne faire aucune espèce de distinction entre le théâtre et le concert, entre Paris et la province, nous n'aurons jamais assez d'argent en caisse !...

Une telle observation ne pouvait être négligée. Fugère se faisait, en la circonstance, l'avocat et l'avocat le plus autorisé de ses camarades du théâtre et du concert. Nul de nous n'oubliait qu'avant d'être le plus glorieux artiste de notre Opéra-Comique, il avait appartenu aux Bouffes et débuté à Ba-Ta-Clan. Il faut aujourd'hui l'entendre narrer son entrée chez le père Parisse, directeur du café-chantant Ba-Ta-Clan. On appelait Fugère « Monsieur Lucien » et, bien qu'on lui octroyât des appointements fort modestes, on avait pour lui tous les égards. Dans la première partie du spectacle, la partie de concert, il soupirait, d'une voix exquise, de jolies romances sur les oiseaux, les fleurs et la verdure ; dans la seconde partie, il jouait le rôle principal d'un vieux vaudeville à couplets de Scribe ou de Dumanoir. Fugère sait tout ce qu'il doit à Monsieur Lucien : l'admirable Bartholo du *Barbier* n'oublie pas *le Temps des Cerises*, et c'est toujours avec une reconnaissante émotion qu'il parle du « Ba-Ta-Clan d'avant la guerre ». Avant la guerre! Que de souvenirs cachent ces mots pour nos comédiens !... Le pauvre Courtès, quelques semaines avant de mourir, m'apportait une vieille gravure représentant les théâtres du boulevard du Temple et me confiait que le rêve de sa vie c'eût été de faire un gros volume plein d'histoires de théâtre intitulé : *Avant la guerre !*

Fugère, en contant les aventures de Monsieur Lucien, avait, vous vous en doutez bien, gagné la cause des imprévoyants du concert. Il nous devenait impossible de faire, suivant sa judicieuse expression, plusieurs classes de malheureux. N'était-il pas d'ailleurs malaisé de refuser un secours à un souffleur ayant traîné trente ans de sa vie aux Folies-Bergère ou au Cirque d'hiver, du moment que nous étions décidés à venir en aide à un régisseur du théâtre des Batignolles ou à un machiniste d'une scène de province ? L'important, c'était de donner un peu de pain à ceux qui en manquaient, sans se soucier des classifications.

Certes, nous n'ignorions pas que les demandes allaient pleuvoir de tous côtés. Pensez donc ! Cinquante francs — minimum — tombant, sur l'heure, dans la poche d'un pauvre diable ! Cinquante francs ! mais c'est l'acompte offert au propriétaire ou à l'huissier qui va opérer la saisie!... Ce que notre monde du théâtre cache de misères, nul ne le soupçonnera jamais ! Et que nous importe que celui-ci, ne sachant plus où donner de la tête, frappe à toutes les portes et s'adresse à tous les bureaux de bienfaisance et à toutes les sociétés de secours! Il n'y a pas que celui-ci... Il y a aussi celui-là qui supplie qu'on ne souffle mot de sa misère! Celui-là veut donner le change : il espère trouver une place, un tout petit coin dans un théâtre ; il garde une vieille redingote, dernier vestige de son bonheur ; il la nettoie, il l'astique, il la repasse : il tient à faire honneur à la Société qui le secourt...

— Peste ! comme vous voilà mis ! fait notre excellent trésorier Toussaint en lui distribuant les deux louis et demi... Une redingote et même des gants !

— C'est toute ma garde-robe des jours de fête ! N'est-ce pas jour de fête quand je viens vous rendre visite ?...

Que de lettres, que de confidences plus navrantes les unes que les autres je reçois chaque jour ! Oui, cela est bien vrai, mon cher Fugère, on n'y saurait suffire !.. En fondant la Maison des comédiens, Coquelin créa quelque chose d'unique, et vous, en vous écriant dès la première heure : « Pas de classification de malheureux, pas de distinction entre eux, égalisez les infortunes du théâtre et celles du concert ! » vous nous indiquiez la véritable route...

Les imprévoyants du concert n'ont donc jamais été écartés de notre Société et Polin, qui représente les concerts à notre Comité, attestera que toutes les infortunes signalées par lui ont été immédiatement secourues. Mme Anna Thibaud, qui n'est pas seulement une artiste de grand talent, mais qui est la meilleure des camarades, organisa en 1902, à l'Eldorado, une matinée au bénéfice de la créatrice de *la P'tite nounou* et des *Écrevisses* ; elle s'adressa à Polin et à nos Trente Ans de théâtre : une indemnité fut votée et renouvelée chaque année.

* *

Cela dit, vous me permettrez de vous donner une très jolie lettre qu'Yvette Guilbert veut bien m'adresser... Il s'agit de Paulus... J'avais, pour ma part, quelque scrupule à vous conter ce qui est. Notre Comité apprit, il y a quelques mois, par Polin précisément, que le chanteur populaire, naguère aussi célèbre que Sarah-Bernhardt ou Coquelin, avait englouti sa fortune dans des spéculations. J'avais moi-même reçu de l'intéressé un mot très simple, très cordial, très touchant, mais je ne me reconnaissais pas le droit de le communiquer à qui que ce fût. Voici ce que m'écrit Yvette Guilbert :

Mon cher ami,

On prétend que Paulus, ayant perdu ses sous, aspire à rentrer à la maison Rossini ; — on dit aussi que, s'il n'est plus millionnaire, son âge ne lui facilite plus la tâche de se refaire des rentes. C'est évident. Alors, puisque le public est informé d'une façon absolue de la perte de sa fortune et de son désir d'être hospitalisé à Rossini, il ne me paraît pas déplacé, faisant partie de ce public qui le fêta tant d'années, de me mettre à la tête d'une liste d'amis du chanteur populaire, afin d'offrir à Paulus un cadeau de souvenir.

Si Paris aime ses artistes, nous le savons ! Mais que cette fois il augmente son sentiment d'un geste et que tous ceux que les refrains du *Père la Victoire* égayèrent quelques soirs se souviennent... Que les ouvriers, les ouvrières se rappellent — et gentiment mettent la main à la poche. Pensez donc, mon cher Bernheim, à la détente, au repos, à la gaieté apportés par la chanson dans l'atelier, la maison, la famille et dans les fêtes de la vie, les communions, les baptêmes, les mariages, etc.

C'est en souvenir de ma belle jeunesse, de ma rude

jeunesse, du temps où moi aussi je faisais ma partie dans les « chœurs » des refrains de Paulus, pendant que mon aiguille alerte cousait, cousait du matin jusqu'au soir, c'est en souvenir de ce temps-là, allégé si délicieusement par les chansons, déjà mes amies, que je m'inscris pour cent francs.

N'est-il pas facile, cher ami, de dire aux Parisiens, nos frères : « Allons, mes enfants, un brin de souvenir et un peu d'amitié !... Joignez-vous à moi, s. v. p. »

Pleuvez les sous et les pièces, que le cœur de Paris tombe dans la cour !... On y chante pour Paulus.

Vives amitiés.

Yvette GUILBERT.

Il n'y a rien à ajouter, ma chère amie, à vos charmantes lignes. Je m'inscris pour une même somme, non pas comme président de ces Trente Ans de théâtre que vous avez compris et aidés, mais personnellement ; mon Comité, de son côté, affirmera sa générosité et, lorsque tous les Parisiens qui ont applaudi Paulus seront là, nous nous occuperons utilement de ce cadeau du souvenir au Père la Victoire...

Vous vous rappelez, et je vous en remercie, qu'il y a une quinzaine d'années j'étais chargé de la tâche assez ingrate d'interdire des chansons, et vous ne m'en voulez pas d'avoir parfois, malgré votre insistance, rogné des couplets que vous jugiez exquis et que moi j'étais contraint de trouver immoraux. Ces discussions n'entamèrent pas notre amitié... Vous devez beaucoup au concert, mais je pense que les concerts vous doivent plus encore.

Alors que vous débutiez à l'Eden de Mme Castellano, le chanteur du *Père la Victoire*, d'*En r'venant d'la revue*, de *la Boîteuse*, de *la Chaussée Clignancourt*, le collaborateur de Villemer, de Delormel et de Garnier, touchait trois cents francs par soirée : il avait chevaux, il avait voitures, il avait un secrétaire, il avait son chef d'orchestre... Rendons-lui cette justice qu'il créa un genre... On disait alors au café-concert les Paulus, comme on dit au théâtre les Coquelin, les Worms ou les Delaunay. On admirait ce masque napoléonien, on se laissait prendre par cette stupéfiante articulation, par cette impeccable diction, par cette mimique imprévue... Il y avait dans tout cela un peu d'acrobatie turbulente, mais il y avait tant de conviction !... Et c'est par là, vous le savez mieux que moi, ma chère Yvette, que se distinguent les artistes de concert : ils ont la foi, ils restent fidèles aux vieilles traditions ; ils ne connaissent pas la blague, ils méprisent l'ironie : ils tiennent leurs chansons, même les plus stupides, pour des chefs-d'œuvre, et leurs auteurs, quels qu'ils soient, pour des maîtres. C'est beaucoup...

Il faut avoir passé par le concert — et n'y ai-je pas passé en tenant les ciseaux d'Anastasie? — pour se rendre compte de cette naïveté charmante qui est — qui était du moins — la marque caractéristique des artistes de concert... Vous-même, à l'exemple des Paulus, des Thérésa, des Duparc, des Demay, vous avez ce don inestimable, vous avez cette belle sincérité; vous croyez que c'est arrivé et vous ne rougissez pas d'y croire!

Eh bien! je suis comme vous, je suis comme Fugère, ma chère amie: je suis avec la chanson et les refrains d'autrefois... Je suis avec *le Père la Victoire*!...

Septembre 1905.

TÉNORS

Tamagno, qui vient de mourir, touchait pour une seule soirée jusqu'à quinze mille francs. On a quelque honte à enregistrer de tels chiffres... Gagner, en quatre heures, ce que de pauvres seconds ténors mettent une année à amasser, et au prix de quelles peines, voilà de quoi excuser ces syndicats de comédiens et de chanteurs que certains impresarios redoutent si fort. J'ai été ravi, quant à moi, que M. André Hesse ait, après mon ami Georges Bureau, exposé aux lecteurs du *Figaro* les légitimes revendications de nos gens de théâtre. Il est inadmissible qu'un artiste qui, durant deux longs mois, répète un rôle pour ne le jouer parfois que deux ou trois semaines, n'ait droit à aucune espèce d'indemnité de répétitions et se trouve contraint d'accepter les seuls cachets de quinze ou vingt représentations. De tels abus ont trop duré. Il est grand temps d'aviser, et l'on ne saurait trop remercier Mme Séverine et le très distingué secrétaire général du Conseil municipal,

M. Léon Martin, qui veulent bien porter un peu partout, dans notre Paris du théâtre, la bonne et la très bonne parole et associer leurs efforts à ceux de M. André Hesse. La Société des Artistes dramatiques comprend, je le sais, le péril et proteste contre les abus : elle peut rendre ici les plus sérieux services à la corporation dont elle sauvegarde — administrée par un président vraiment unique — les intérêts matériels et moraux.

Mais je reviens — vous excuserez cette parenthèse — à l'illustre ténor. La légende fait de lui un homme poussant l'économie jusqu'à la ladrerie. Ceux-ci content qu'en ses nombreux et lointains voyages il se garda de payer un sou de frais de bagages et qu'il laissait négligemment à un camarade le soin de veiller à ces détails; ceux-là affirment que, logé dans des hôtels modestes, il ne manquait jamais de présenter à son barnum des notes extravagantes, touchant ainsi la petite commission.

Ce sont là, remarquez-le, des légendes et, qui plus est, des légendes de théâtre... Il serait donc prudent de s'en méfier.

Que n'a-t-on, d'ailleurs, pas conté sur ses représentations à Paris? On rappela tout d'abord qu'il y créa *Otello*. Première erreur. L'œuvre de Verdi fut interprêtée, pour la première fois chez nous, par M. Victor Maurel, reprenant Iago qu'il avait créé à Milan, par Mme Rose Caron, admirable Desdémone, par M. Vaguet, parfait sous les traits de Cassio, et, enfin, par M. Saléza, — pas un fort ténor celui-là, ce qui ne l'empêche pas d'être un délicieux artiste! *Otello* était alors chanté en français : Verdi vint diriger les dernières répétitions d'ensemble! MM. Bertrand et Gailhard avaient fait installer, au milieu de l'orchestre, une large table sur laquelle le compositeur prenait ses notes et travaillait... Je le vois encore, le soir de la première, grimper allégrement l'escalier qui conduisait à la loge du Président de la République et recevoir les insignes de grand-croix.

— Maître, lui dit solennellement le Président Félix Faure, le gouvernement est heureux de vous offrir la plus haute récompense qui existe dans l'ordre de la Légion d'honneur, et cette récompense vous est due pour le présent, le passé et aussi pour l'avenir.

— Oh! l'avenir, fit non sans malice Verdi... L'avenir pour un homme aussi vieux, il sera bien court!... Et aussi pour nos œuvres, hélas! On les compte, celles qui résistent au temps!...

La scène, qui n'était pas sans grandeur, se passait le soir de la première d'*Otello*. C'est quelque temps après que Tamagno parut à l'Opéra. Il ne savait pas un mot de français, ce qui explique, à mon sens, bien des légendes... Il est si facile à un interprète de traduire inexactement les paroles de l'intéressé!

Mais M. Gailhard, qui, lui, parle couramment l'italien, voulait à tout prix présenter Tamagno à ses abonnés. Il se souvenait des brillantes soirées de Gayarré et tenait à en offrir une nouvelle série. Tamagno — encore une légende sans doute! — devait chanter en français *Samson et Dalila*. Ne pouvait-il donc faire pour son auteur ce qu'il allait tenter pour M. Camille Saint-Saëns? La question fut vite tranchée. On pria M. Delmas et Mlle Lafargue, qui succédaient à M. Maurel et à Mme Caron, de passer leurs vacances à apprendre l'italien. Ce que l'excellent Delmas piocha ce terrible rôle d'Iago (n'est-ce pas, en réalité, le vrai personnage de la pièce?), ses directeurs seuls le surent! Et avec quelle ardeur M. Gailhard s'attela au travail, chantant et jouant tous les rôles en français d'abord, en italien ensuite, dirigeant l'orchestre, les chœurs, le ballet, la machinerie et l'éclairage! Le doux Bertrand était en admiration devant son associé, et son admiration se faisait d'autant plus vive que l'Opéra se préparait à encaisser des recettes jusqu'alors inconnues. Il était convenu que les soirées d'*Otello*, données le mardi et le jeudi, c'est-à-dire les soirs où l'Opéra ferme d'habitude ses portes, seraient considérées comme des galas, à tarif libre...

Qui ne se rappelle la première soirée de Tamagno? Lorsque de sa voix tonitruante il lança, avec une force qui tenait du prodige, le fameux air : « Adieu rêves de gloire, adieu vaillance! » des applaudissements frénétiques partirent de tous les coins de la salle. Jamais on n'avait rien entendu de pareil, et Verdi, malheureusement retenu en Italie, n'assistait pas au triomphe de son interprète favori!... On ne savait d'où venait et comment était fabriquée cette voix phénoménale. Il était impossible de résister à cette secousse.

— Mais c'est un tremblement de terre qui nous arrive, grognait spirituellement notre maître et ami Ernest Reyer... Attention! Il va nous emporter...

Cette soirée, comme toutes les soirées qui doivent être uniques, eut quelques lendemains. Il eût été vraiment dommage que ces fructueux tremblements de terre ne se renouvelassent pas.

J'eus le plaisir d'approcher alors le grand ténor. Je dis approcher et je n'exagère pas, car on ne l'approchait pas aisément : deux secrétaires et un interprète le gardaient à vue et se relayaient. Quand il sortait de scène, on l'enveloppait dans des fourrures et des cache-nez.

Ajouterai-je que cette mise en scène s'exécutait sans trop d'apprêt et que le ténor lui-même ne paraissait nullement s'en préoccuper ?

Et, quand il s'en serait préoccupé, eût-il constitué une exception et eût-il été le vrai coupable ?

Le coupable, c'est le compositeur qui proclame que son œuvre ne verra le jour qu'à la condition d'être chantée par le grand ténor ; le coupable, c'est le barnum qui, spéculant sur les recettes des représentations américaines — des recettes de cent mille francs ! — nous arrache l'oiseau rare à coups de bank-notes ; le coupable, c'est le public qui veut chaque matin être renseigné par notre ami Serge Basset sur les moindres faits et gestes de son artiste favori ; le coupable, c'est moi-même, qui consacre en ce moment un trop long article au gosier d'or !...

Et puis, quel est celui de nos forts ténors qui ne montrera pas les mêmes exigences? Ils ont aussi leurs secrétaires, nos Tamagno! Il faut une voix immense pour chanter *les Huguenots*, *Guillaume Tell* et *le Prophète*; il faut être passé maître dans l'art de la déclamation lyrique pour bien chanter *Siegfried* ou *Tristan*; ils savent tout cela et ils en usent... M. Van

Dyck fit ses premières armes dans le journalisme, aux côtés de notre ami Mon joyeux, et personne ne blâme le modeste publiciste d'autrefois de s'enrichir en chantant Wagner... M. Alvarez tint à l'Eden-Théâtre l'emploi de basson, et le riche ténor goûte une joie infinie à cette revanche sur le pauvre instrumentiste... Quoi de plus humain?

Ah! le temps n'est plus, je le sais, mon cher Capoul, où les ténors répétaient vaillamment tous les jours et chantaient trois fois par semaine, sans toucher pour cette double besogne de bien gros cachets. Vous n'en avez pas moins laissé, dans un genre aimable et reposant, qui égaya et attendrit nos pères, le nom d'un artiste très rare... Et je pense que vous, l'exquis interprète d'Auber et de Boïeldieu, et aussi celui de Méhul et de Grétry, vous devez sourire à l'annonce d'un nouveau théâtre à Berlin, qu'on appellera tout bonnement *l'Opéra-Comique*.

L'Opéra-Comique dans la cité même de Richard Wagner!... N'y a-t-il pas là un avertissement dont les grands ténors de tous pays feraient peut-être bien de tenir compte?

Septembre 1905.

VINGT ANS APRÈS

On rappelait, à propos de la mort de M. René Goblet, le rôle considérable que l'ancien président du Conseil joua dans la politique ; on ajoutait, sans trop insister, qu'il décréta l'interdiction de *Germinal*, sous prétexte que la Mouquette manquait de tenue. Peut-être mon ami Georges Gauné retrouverait-il, dans les cartons de la Censure, une toute petite note sur l'œuvre d'Émile Zola : ce bout de rapport, tracé au crayon de la main même de M. René Goblet, est un chef-d'œuvre de malicieux bon sens... C'est qu'à l'exemple de beaucoup d'hommes de sa génération, le ministre de 1885 professait pour l'école nouvelle une injustifiable aversion ; le naturalisme le plongeait dans une rage folle ; il se glorifiait d'être un classique et un classique impénitent... Cet homme qui, en politique, se plaisait à avancer, s'ingéniait à reculer en littérature.

Le directeur de l'Opéra, M. Gailhard, pourrait d'ailleurs nous conter une édifiante histoire... On venait de jouer avec le plus éclatant succès *le Cid*, de M. Massenet. Seul, M. René Goblet s'était tenu sur la réserve et n'avait félicité ni le musicien ni les directeurs.

— Je ne vous ai jamais parlé de votre *Cid*, dit-il un jour confidentiellement à MM. Ritt et Gailhard. Cela vous surprend? C'est que... Oh! vous allez sourire... Mais je ne comprends pas qu'on ose ainsi blasphémer Corneille!

— Blasphémer Corneille! Il y a méprise, monsieur le ministre! s'écrièrent les deux directeurs.

— Blasphémer Corneille! je vous le répète, poursuivit M. Goblet d'un ton piqué. Jeter de la musique sur ces admirables vers, passe encore, puisque cette musique, d'après des gens plus compétents que moi, est belle, très belle... Mais avoir le toupet d'intercaler un ballet dans Corneille! De la danse au milieu de ce chef-d'œuvre! Des affreux tutus en présence de Rodrigue, de Chimène et don Diègue!... Voilà le blasphème, messieurs les directeurs! Il ne faut jamais, vous entendez bien, toucher à ces œuvres-là! Elles doivent être sacrées!

Il était bien difficile de ne pas s'incliner devant une aussi scrupuleuse intransigeance. *Le Cid*, ballet compris, n'en réalisa pas moins des recettes formidables qui consolèrent les directeurs de l'Opéra de la petite semonce ministérielle.

*
* *

Ce fut également le ministre de 1885 qui trancha la question de la succession de Perrin à la Comédie-Française. Dans un bien joli article, M. Jules Claretie rappelait ces jours-ci comment se fit cette nomination : il ne connaissait pas le grand maître de l'Université, mais il négligeait de dire que M. Goblet savait, lui, tous les titres de son candidat.

Vingt ans ! Je vois encore, comme si c'était hier, mon ami Henry Regnier se précipiter dans mon bureau de la rue de Valois où, sous l'œil sévère du brave M. Gerspach, je compilais les dossiers des Manufactures, et m'annoncer, tout rayonnant de joie, la nomination du nouvel administrateur. J'avais cinq ans de journalisme et je m'imaginais — heureux âge ! — que mon feuilleton hebdomadaire constituait un sacerdoce. Je raffolais de théâtre et renonçais à mes vacances administratives uniquement pour avoir le plaisir de suivre, en compagnie de l'Oncle, d'Edmond Stoullig, d'Adolphe Brisson, de René Benoist, et de quelques autres camarades, les représentations estivales de la Comédie. Tous les soirs, à sept heures et demie tapant, le placeur de l'orchestre nous installait dans nos fauteuils réservés ; pendant les entr'actes, nous discutions, entre deux bocks, les diverses interprétations de Molière, de Racine et de Corneille. Quelles leçons et quelles merveilleuses leçons de théâtre notre doyen nous donnait là, prenant invariablement témoin la vieille ouvreuse du balcon, la bonne Mme Louis, laquelle avait connu toutes les anciennes gloires de la Maison ! Je ne vois plus que notre cher Victorien Sardou qui possède cet art d'inculquer à ses auditeurs la passion du théâtre.

Cet amour du répertoire était, suivant l'Oncle, la première des vertus. Nous avions ainsi gagné son amitié et, deux fois par semaine, nous comptions parmi les familiers de l'hôtel de la rue de Douai. Henry Fouquier, qu'une inaltérable amitié unissait à Sarcey, était le vice-président de ces joyeuses agapes si injustement calomniées.

Comme Sarcey, Fouquier se montrait, pour ses jeunes confrères, d'une bienveillance infinie. Il avait bien voulu consacrer un feuilleton tout entier — douze colonnes du *XIXe Siècle*, s'il vous plaît ! — à mon opuscule sur *L'Enseignement dramatique au Conservatoire*. C'était là, vous le concevez, une marque de sympathie dont j'étais très fier et j'éprouvais le besoin de témoigner à mon illustre confrère mon affection reconnaissante.

Cette occasion s'offrit précisément lors de la succession de Perrin. Fouquier avait été tour à tour secrétaire général de préfecture, préfet, directeur de la presse au *Journal officiel*; dans la critique et la chronique, il occupait, sans conteste possible, le premier rang; qu'il se cachât sous le pseudonyme du grave Nestor ou sous celui de la gracieuse Colomba, il nous offrait, sur les questions sociales, historiques, littéraires, mondaines et surtout féminines, mille aperçus du plus savoureux modernisme; sa constante gaieté, son imperturbable belle humeur et son continuel optimisme faisaient notre admiration... Mais ce Méridional, qui — le mot est de M. Jules Lemaître — traînait sa tunique dénouée dans les bosquets de lauriers-roses, était avant tout un incorrigible curieux. Les fonctions publiques l'amusaient, non pas pour ce qu'elles rapportent, mais surtout pour ce qu'on y apprend... Il brigua donc le poste d'administrateur général de la Comédie.

Nous savions tous, et Fouquier le premier, qu'il n'aurait pas la place. Nous n'en combattîmes pas moins pour une cause perdue d'avance.

— Bah! continua en riant Fouquier, le gouvernement me donnera une compensation : il me nommera quelque jour préfet de police ! Voilà le véritable rêve de ma vie !

Il ne fut pas plus préfet de police qu'il ne fut administrateur de la Comédie. Comme toujours, il s'en tira avec un indulgent sourire et alla se faire élire député de l'arrondissement le moins peuplé de France.

⁂

Il y aura donc, le mois prochain, vingt ans que M. René Goblet nommait le successeur de Perrin. Une légende de théâtre (vous savez s'il faut se méfier de ces légendes) veut que Perrin ait été le plus parfait des directeurs. Cette légende exige quelques explications.

... Je ne voudrais diminuer en rien les incontestables mérites du successeur d'Édouard Thierry, mais c'est Thierry, ne l'oublions pas, qui légua à Perrin cette troupe unique au monde. Perrin en usa, Perrin en abusa et nous offrit ces magnifiques représentations dont je parlais tout à l'heure. Mais ne fut-il pas un directeur plutôt qu'un administrateur ? Comprit-il que la Comédie nous doit la représentation régulière des chefs-d'œuvre tragiques et que c'est là une des raisons de son privilège, tout comme c'est une tradition de sa gloire? Les noms de Corneille, de Racine, de Molière, ne disparurent-ils pas de l'affiche durant de trop longs mois? Ne laissa-t-il pas partir Mme Sarah-Bernhardt, sans se douter du tort que ce départ causerait à la Comédie? M. Mounet-Sully, sa grande camarade partie, ne se morfondait-il pas dans l'inaction? M. Silvain, après des débuts fort heureux dans un emploi difficile, n'attendait-il pas désespérément son tour? Considérons la troupe tragique d'aujourd'hui, et nous constaterons que tous les emplois, naguère sans titulaires, sont tenus et excellemment.

Les comédiens étaient-ils plus favorisés que leurs camarades de tragédie? M. Coquelin cadet, de guerre lasse, se réfugiait aux Variétés; l'amoureux, désolé de ne pouvoir jouer Valentin et Perdican, voulait quitter le théâtre; son camarade de classe au Conservatoire, tout aussi bien doué que lui, attendait sept ans le sociétariat, et M. Talbot n'admettait pas qu'on le doublât dans Argan, Orgon ou Harpagon!... On créait un abîme entre les deux troupes, la vieille qui avait tous les droits, la jeune qui n'en avait aucun; les mêmes comédiens se présentaient sans cesse au public, et tandis que cette méthode se poursuivait, funeste pour l'avenir même de la maison, on oubliait d'appeler au sociétariat deux des premiers artistes du théâtre : Mme Pauline Granger et M. Barré. L'ingénue ne pouvait obtenir la part entière par la seule raison que l'emploi d'ingénue n'appelait pas (*sic*) les douze douzièmes. On refusait à M. Coquelin les congés, mais en revanche on rachetait à prix d'or ceux des gros sociétaires... Les portes du théâtre étaient ouvertes toutes grandes à Augier et à Pailleron, mais l'annexion du *Demi-Monde* au répertoire causait une révolution chez messieurs les abonnés qui réclamaient et obtenaient la radicale suppression de certaines tirades de Molière !... On entr'ouvrait la porte à M. Sardou, à Becque et à Gondinet, mais on la fermait rigoureusement à Meilhac et Halévy...

C'était, on l'a dit, la *Maison de M. Perrin*... Mais était-ce bien cette grande Compagnie qui a le devoir d'appeler à elle les talents, de les former, de les perfectionner, où la rivalité du camarade doit disparaître devant l'orgueil légitime et la bienveillance du maître ?

Il n'y avait, autrefois, que le Vaudeville et le Gymnase à côté de la Comédie. Les théâtres se sont multipliés : Mme Sarah-Bernhardt, M. Coquelin, M. Guitry, M. Antoine ont constitué des troupes et il a bien fallu résister à ces concurrences chaque jour grandissantes...

On a fait mieux... On a assuré aux comédiens (certains sociétaires l'oublièrent parfois !) le rang qui leur est dû : on a compris que les comédiens sont dignes de tous les honneurs, non seulement quand ils professent, mais aussi quand ils jouent la comédie !

Et vous constaterez qu'on a tout de même fait du depuis la première du ballet du *Cid* !...

TABLE DES MATIÈRES

6243-05. — Corbeil. Imprimerie Éd. Crété.

RÉD. : 18

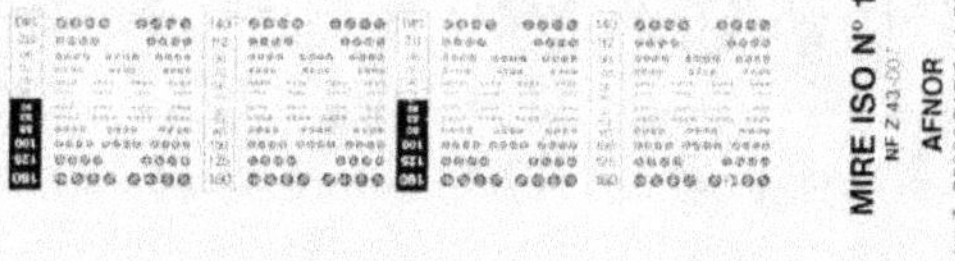

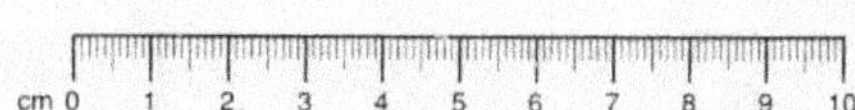

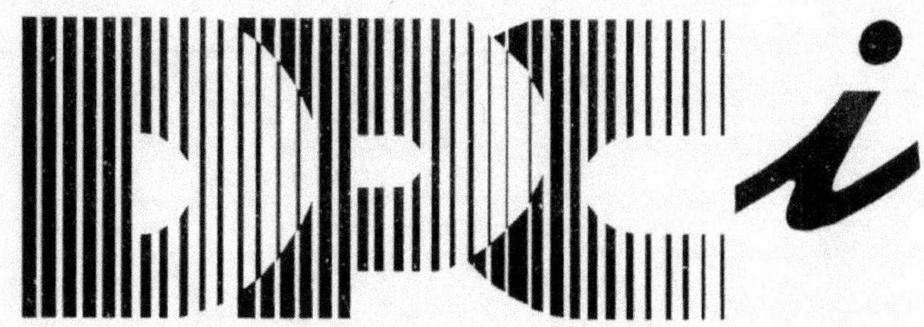

15, rue Jean-Baptiste Colbert
ZI Caen Nord - BP 6042
14062 CAEN CEDEX
Tél. 31.46.15.00
RCS Caen B 352491922

MIRE ISO N° 1
NF Z 43-007
AFNOR
Cedex 7 92080 PARIS-LA DÉFENSE

cm 0 1 2 3 4 5 6 7 8 9 10

Film exécuté en 1 9 9 1